志愿者文化丛书

钱理群
编选·导读

鲁 迅 卷

生活·讀書·新知 三联书店

Copyright © 2018 by SDX Joint Publishing Company.
All Rights Reserved.
本作品版权由生活·读书·新知三联书店所有。
未经许可，不得翻印。

图书在版编目（CIP）数据

志愿者文化丛书. 鲁迅卷／钱理群编选、导读. —北京：生活·读书·新知三联书店，2018.11
ISBN 978-7-108-06173-7

Ⅰ.①志…　Ⅱ.①钱…　Ⅲ.①鲁迅著作评论
Ⅳ.① C ② I210.97

中国版本图书馆 CIP 数据核字（2018）第 017015 号

责任编辑	叶　彤
装帧设计	薛　宇
责任校对	常高峰
责任印制	徐　方
出版发行	生活·讀書·新知 三联书店
	（北京市东城区美术馆东街 22 号　100010）
网　　址	www.sdxjpc.com
经　　销	新华书店
印　　刷	河北鹏润印刷有限公司
版　　次	2018 年 11 月北京第 1 版
	2018 年 11 月北京第 1 次印刷
开　　本	787 毫米 × 1092 毫米　1/32　印张 5.25
字　　数	73 千字
印　　数	0,001－8,000 册
定　　价	28.00 元

（印装查询：01064002715；邮购查询：01084010542）

《志愿者文化丛书》

总 序

"志愿者"是21世纪以来出现的、以青年为主体的新的社会群体,按中国的传统,称为"义工"。它的基本特点,一是志愿性,即内发性(出于自我内在生命的需要,而不是外在功利的诱惑)和自发性(是自己的主动、自主的选择,而非外在力量的强制);二是民间性和公益性:既是非政府性的组织,又是非营利性的组织,是人们说的"第三部门"。它对政府机制和市场机制形成必要的补充与制约。

不难看出,这样的志愿者组织,是以某种共同的价值观、生活观凝聚在一起的:许多人奉行个人中心主义和极端利己主义,这群人却尝试"利我利他,自助助人"的新的伦理；许多人沉湎于个人的无止境的物质享受，感官刺激，奢侈消费，这群人却相信人不仅有物质的欲望，更有精神的追求，尝试着一种"物质简单，精神丰裕"的新的生活方式；许多人奉行将他人视为敌人的丛林法则，进行残酷的你死我活的生存竞争，这群人却尝试着视他人为兄弟，在志愿者与服务对象之间，在志愿者之间，建立起人与人相互信任、尊重、支持的新关系；许多人陷入所想与所做的分离，将真实的自我掩饰、保护起来，被迫或主动生活在谎言中，这群人却尝试着通过志愿者活动将"想、说、行"统一起来，努力生活在真实之中……如此等等。

志愿者组织在某种程度上，就是一所公民大学堂。志愿者将在这个自主、自由、多元、开放的群体中，学会参与和独立创造，学会对话、合作和互助，学会平等、公平和互惠，学会宽容、妥协、自我约束和相互监督。

这样的新理想、新思想、新伦理、新价值、新的生活方式、新的人与人的关系以及新的人与自然的关系……就构成了全新的"志愿者文化"。

而这样的志愿者文化,正在遭遇新的挑战。随着志愿者公益组织被社会和公众广泛认同,随着社会组织日益壮大与发展,也出现了新的危机:它很容易成为一种"时髦",和某种利益捆绑在一起,人们纷纷盲目加入,却不去思考其背后的理念,这样,就会逐渐模糊、淡化最初的理想、追求,失去了目标,造成独立性的丧失,甚至被异化,同时内部的矛盾也会逐渐暴露与激化,甚至导致分化。这样,志愿者组织自身的思想建设,就成为迫在眉睫的任务;其核心就是志愿者文化的建设,即要重新回到最初的出发点上,思考"我是谁?我要做什么?我要达到什么目标?"。

更重要的是,我们还面临着一个开拓与发展志愿者文化,使其本土化的历史任务。我们今天在讨论志愿者文化时,更多地借鉴了西方的资源,这是可以理解的,并且是必要与有益的,但又是不够的。因为不仅这些外来的思想、理念本身有一个和中国国情相适应的问题,而且中国本土,无论是古代传统、现代传统,还是民间传统里,都存在着丰富的思想、文化、理论资源,足以成为我们今天所提倡的志愿者运动的精神滋养。

我们还注意到，随着中国社会的发展，近年来，出现了社会工作者这一新的职业群体。他们大都经过大学教育的专业训练，所从事的也是专业工作，因而有别于志愿者群体。但他们担负的是社会服务工作，也有自己的社会工作伦理，他们也需要有志愿者精神，也同样需要从中国传统里吸取资源，实现社会工作的本土化。

我们编选这套"志愿者文化丛书"，就是要对中国本土的志愿者文化资源进行一次发掘、整理与研究。首先推出的是现代资源，除了介绍现代文化的先驱鲁迅关于"中国人和中国社会的改造"的思想外，重点推出20世纪三四十年代平民教育与乡村改造、建设的四大先驱梁漱溟、晏阳初、陶行知、卢作孚的理论与实践；以后，如有条件，我们还准备进一步发掘中国儒家与墨家的资源。为了便于年轻的志愿者和社会工作者朋友的阅读与学习，我们从先驱者浩繁的著作里，精心选编了相关的语录，附有部分原文，并有详尽的"导读"。我们期待，这套丛书能成为志愿者公益组织思想建设和社会工作者教育的阅读文本,有助于志愿者和社会工作者朋友,走进先驱者的精神世界,和他们进行心灵的交流。同时,我们也清楚,这是一项开拓性的工作,编选中的缺点与不足,在所难免,因此,欢迎读者不吝赐教。

2013年2月14日

目 录

导读　　1

鲁迅论中国人和社会的改造与发展（语录）　　59

（一）目标篇（上）　　60
　　首在立人　　60
　　生存、温饱、发展：人的三大权利　　64
　　走出奴隶时代　　64
　　幸福的度日，合理的做人　　65
　　簇新的社会制度　　66

（二）目标篇（下）　　68
　　理想的人性　　68

自他两利 69

1. 人各有己，群之大觉近矣 69

2. 无数的人们都和我有关 73

3. 自他两利的道德观 74

致人性于全 75

1. 经济是最要紧的 75

2. 人的本能欲望并非罪恶，并非不净 76

3. 物质能尽人生之本吗？ 76

4. 精神现象实人类生活之极巅 78

5. 科学乃人性之光 79

6. 警惕科学崇拜 81

7. 致人性于全 82

人非信无以立 83

1. 人非信无以立 83

2. 伪士当去，迷信可存 85

3. 革新者心里有理想的光 86

4. 警惕"做戏的虚无党" 86

5. 主张的变化无线索可寻,可称之为流氓　87

真的猛士　88

1. 敢于正视,大胆看取人生　88

2. 发出较真的声音　89

3. 瞒和骗的大泽　90

4. 宣传和做戏　90

诚与爱　91

1. 灌输诚爱二字,甚当　91

2. 以离绝了交换关系、利害关系的天性的爱为纲　92

3. "幼者本位"的父母之爱　93

4. 用无我的爱牺牲于后起新人　94

5. "弱者本位"的爱,关心平民的疾苦　95

6. 生命被毁得太滥了　96

7. 叫出没有爱的悲哀　97

(三)道路篇　98

改革之路　98

1. 唯一的救济方法是革新　98

2. 中国改变之不可缓　99

3. 倘不彻底改革，就要从"世界人"中挤出　100

4. 不满是向上的车轮，永远需要改革　101

5. 最要紧的是改革国民性　102

6. 必须先改造了自己　103

7. 中国太难改革了　104

8. 改革的动力和阻力　105

9. 无物之阵　105

10. 中国是个大染缸　107

11. 反复和羼杂：中国改革的曲折性　108

12. 什么都阻止他不得　108

开放之道　110

1. 比较既周，爰生自觉　110

2. 放开度量，大胆地尽量吸取新文明　112

3. 遥想汉人多少闳放　113

4. 放出眼光，自己来拿　113

5. 向仇敌学习　　**114**

6. 质疑"言非西方之理弗道"　　**115**

7. 警惕"爱国的自大""爱亡国者"和
"兽性爱国主义"　　**116**

8. 警惕"一致对外"口号下的勾当　　**119**

(四) **精神篇**　　**120**

硬骨头精神　　**120**

1. 没有丝毫奴颜和媚骨　　**120**

2. 中国的脊梁　　**120**

3. 摩罗诗人　　**121**

4. 精神界战士　　**122**

5. 敢说，敢笑，敢哭，敢怒，敢骂，敢打　　**124**

韧性精神　　**124**

1. 非韧不可　　**124**

2. 一代、二代……奋斗下去　　**125**

3. 慢而不息，锲而不舍　　**126**

4. 壕堑战　　127

5. 反对"赤膊上阵"　　129

泥土精神　　130

1. 泥土比天才更切近　　130

2. 要不怕做小事情　　131

3. 中国需要做苦工的人　　132

4. 认真做事　　133

5. 要留有余地　　134

6. 执着现在,执着地上　　135

7. 实地经验更确凿　　137

寄语青年　　138

文本选读　　141

灯下漫笔　　142

导师　　148

这个和那个　　151

导 读

谈"鲁迅论中国人和社会的改造与发展"

(一) 我们面临的问题和鲁迅的意义

我们今天读《鲁迅论中国人和社会的改造与发展》,首先需要有一个全局视野,看看今天的中国人和中国社会已经发展到什么阶段,遇到了什么问题,需要我们去解决。这是我们首先要思考的。

在2009年中华人民共和国成立六十周年时,我曾经提出过这样一个问题:我们搞国庆,是在庆什么?我认为是在庆三个东西:第一,庆我们国家已经独立了,是一个独立自主的国家;第二,庆我们国家已经基本统一了,是一个高度统一的国家;第三,庆我们国家的经济获得了大发展，十三亿中国老百姓基本解决了温饱问题。在一个长期面临世界列强的压力，幅员辽阔，人口众多的东方大国，实现这三大国家目标，是件非常了不起的事。可以说这是中国百年来无数志士仁人流血、牺牲、奋斗的结果，来之不易。当然我们也为此付出了血的代价，其中包括因我们自己的失误所造成的严重后果。这同时也就意味着我们民族历史上一个时代的结束，这个时代是以解决这三大历史任务为中心的。基本完成了这些任务以后，我们就将面临一个新的时代，或者说，我们正处在一个历史发展的新的十字路口：这样一个独立的、统一的、经济高速发展的、基本解决了人民温饱问题的东方大国，将向何处去？这是一个举国、举世瞩目的问题，它关系到中国的未来，甚至会影响世界的发展。

在我看来，我们面临的是"四大建设"：制度建设、文化建设、价值建设、生活建设。也就是说，要建设一种最适合中国国情的，能够让每一个中国人过上幸福生活的，为中国老百姓所能接受并且欢迎的制度、文化、价值观和生活方式。

所谓"建设",当然不是凭空创造,除了要总结我们自己发展的经验,以此作为基础之外,重要的是要广泛吸取各种思想资源、精神资源。

问题是,我们到哪里去寻找思想资源?通常的想法,第一是向西方学习,向中国之外的东方世界,向日本、印度及其他国家、地区学习。这就是鲁迅所说的"拿来主义",即把一切有利于这"四大建设"的世界文明(包括西方文明和东方文明)的成果都拿来,为我所用。

第二是向中国传统学习。这在今天是有特别重要的意义的。理由也很简单:中国老百姓在中国这块土地上,已经生活了几千年,积累了大量的经验,形成了宝贵的传统。"四大建设"的根本目的是要让中国老百姓生活得幸福,要适合中国国情,要符合民心民情、民族伦理和生活习惯,这就要求和民族传统结合,所以学习和吸取中国传统经验,就成为当下中国的一个迫切任务。

所谓"中国传统,中国经验",指的是什么?现在有一种说法:所谓"中国传统",就是"儒家传统"。这有一定道理:儒家确实是处于中国古代传统的中心地位，有着决定性影响；但也有三个片面性：一是以儒家"一家"，代替了中国古代传统中的"百家"，像道家、法家、墨家，以及来自印度，却在中国生了根的佛家，其实这些都是我们应该继承的传统。二是，讲中国传统不能只看在典籍里留下的古代文化，还不能忽视民间文化，特别是代代口口相传和身体力行所形成的民间伦理，比如我们每个人小时候从家里的老人那里接受下来的基本行为准则，如不能伤天害理、杀人、骗人等，这都是我们应该继承的民间伦理，这些年发生的道德沦丧问题很多都是因为突破了民间伦理的底线。

第三，也是最重要的。我们讲传统，不能只讲古代传统，而忽略了现代传统：从"五四"算起，到今天已经九十多年了，中华人民共和国也成立六十多年了，早已经形成了传统。而且因为是现代，和我们最贴近，我们今天所遇到的许多问题，现代人也遇到过，他们是如何处理这些问题的，对我们就更具启发性。我曾经提出过一个"总结20世纪中国经验"的命题，并且提出，要总结20世纪中国经验，有三个人是绕不开的,一个是孙中山,一个是毛泽东,再一个就是鲁迅。孙中山、毛泽东的问题比较复杂,需要另做讨论,我们这里只谈鲁迅。

这里有一个对鲁迅的认识问题。通常我们都把鲁迅看作中国伟大的文学家,而忽略了鲁迅同时也是一位伟大的现代思想家,而且是具有原创性的思想家和文学家。每一个民族都有一些堪称民族思想源泉的原创性的思想家、文学家、政治家,当民族遇到问题的时候,就能够到他们那里去寻求思想资源和精神支持。奥巴马当选总统的时候,美国正处在金融危机的非常时期,金融危机又带来了社会危机和精神危机,这是奥巴马必须面对的问题。他在就职演讲中就特别提到了林肯,提到林肯所创造的"美国精神",他要用这种精神引领美国人民走出金融危机和精神危机。这是能够给我们启示的。在中国,在我看来,最具有原创性、源泉性的思想家是两个人,一个是孔子,一个就是鲁迅,他们分别代表了中国最重要的两个传统:古代传统与现代传统。

鲁迅最关心的,他的思想的核心,是两个相互联系的问题，即"中国人的改造与发展"和"中国社会的改造与发展"。在这两个方面，他都有极其深刻的阐发。我们这里讨论的制度、文化、价值、生活重建，从另一个角度看，其实也就是在新的历史条件下，中国人和中国社会的改造与发展问题，因此，鲁迅的有关论述，对我们是特别具有启发性的，是有重大的现实意义的。

（二）现代化目标："富国强兵"，还是"立人"

我们现在一起来读《鲁迅论中国人和社会的改造与发展》。这个材料分为四篇：目标篇一、目标篇二、道路篇、精神篇。我们先讲"目标"问题。

我们都说，要建立一个文明的现代化的国家。问题是，到底要确立什么样的文明目标、现代化目标？这个问题是鲁迅一百年前所面临的问题，同时也是我们今天所面临的问题。

我们先来看鲁迅一百年前在《文化偏至论》里的论述。鲁迅用的是文言文，我们现在把它翻成白话文。他是这么说的：

请问那些自称"志士仁人"的先生们,你们要把富裕当作文明吗?那么请看犹太遗民,他们不是擅长积累财富,连欧洲最精明的商人都比不过他们吗?然而今天犹太人的遭遇又怎么样呢?你们要把兴建铁路和开发矿业当作文明吗?那么,请看五十年来非澳两洲,都在兴建铁路,开发矿业,但这两大洲的土著民族的文化又怎样呢?你们要把议会政治当作文明吗?那么,请看西班牙、葡萄牙两个国家,立宪已经很久了,但这两个国家的情况又是怎样呢?……现在欧美国家无不拿这些向全世界的国家炫耀,其实强盛的根底还是在"人",而物质不过是一个表面现象罢了。……要在天地间争生存,与各国竞胜负,首要的任务就是在于"立人",先把"人"树立起来了,一切事情才好兴办;而"立人"的办法,就一定要尊重个性,发扬人的主观精神。假使不这样做,那么衰败、沦亡,恐怕就等不到几十年以后了。

这里所讲的是两种不同的现代化目标、现代文明想象：一种是以物质富裕、科学技术的发展、政治民主，作为现代化目标；一种是以"立人"为中心，着重人的个体精神自由，以建立"人国"为目标。前者是鲁迅所要质疑的，后者则是鲁迅所主张与坚持的。

我们发现，前者却是一百年来在中国占据主导地位的现代化想象，也就是说，我们一直都在追求富裕、科学和民主这三大目标。当然，应该说，这三大追求是有它的合理性的。

这合理性首先就在于，我们是一个东方的落后的大国。这是什么意思呢？就是说，中国的现代化是在一种特殊的情况下进行的：始终存在着一个"他者"。这个他者就是西方世界，中国的现代化建设始终是在西方巨大的压力下进行的。西方在很多地方都比我们强，第一比我们富裕，第二科学技术比我们发达，第三已经建立了现代民主国家。这就逼得我们必须向西方学习，拜西方为师。但是这个老师总是想侵略我们，到我们这里榨取他们现代化发展中需要的资源、劳力、市场，把他们在现代化过程中遇到的问题和后果转嫁给中国。所以，在1949年以前中国一直是西方和日本的殖民地、半殖民地;1949年以后,西方世界和日本也一直在封锁我们。面对这样一个既是老师也是入侵者、殖民者的西方世界和日本,中国人只有一个选择,就是尽快地实现政治上的独立,在经济上赶超西方国家和日本,这就形成了一个世纪的赶超情结。

而要实现赶超的目标,大多数人认为首先要有一支强大的军队,以保证国家的独立;其次要使国家富裕起来。一要强兵,二要富国,这就形成了一个以富国强兵为中心的国家主义的现代化目标和路线。为什么说是"国家主义"的?因为它是以国家利益为中心的,要求个人利益服从于富国强兵的国家目标。可以说中国人一百年来走的就是这样一条道路。前面说经过百年奋斗,中国完成了三大历史任务,实际上就是基本实现了富国强兵的目标,而且在今后相当长的一段时间里,提高军队的现代化水平,发展经济和科学技术,增强国力,也还将是我们继续努力的目标。

但是,这样一个富国强兵的国家主义的现代化目标与路线,有没有问题?这正是我们今天需要反思的。现在看来,显然存在着两大问题。

首先,强调"富国""强兵",过分了就会忽略"富民"。国富不一定等于民富,在我看来,这也正是中国一度面临的重大问题:国家富了,但普通老百姓并没有富起来,或者说人民经济生活水平的提高赶不上国家经济发展的速度。这就会带来两个问题。其一,国家富裕的成果,如果不能被普通百姓所享受,就会使改革开放失去民意基础。国家发展了,但人民不富裕,就必然失去人民的支持。其二,国富民穷,意味着人民创造的物质财富被少数人攫取,这就必然带来权力的腐败和两极分化。这正是中国社会问题层出不穷、群体性突发事件频发的根本原因。现在政府提出要注重民生,改善分配制度,其实就是要解决这个国富民穷的问题,解决改革开放的成果能否为所有的老百姓所享用这样一个关系到改革开放合法性的问题。

最根本的,还是鲁迅在一百年前提出的问题:所谓现代化,现代文明、国家兴盛的"根柢"在哪里?鲁迅说得很明确,"根柢在人",物质与科学技术的发展只是"现象之末"。如果忽略了人,物质、科技、民主都有可能走向反面。鲁迅说人们追求物质富裕是不错的，但是如果把这种追求推向极端，变成物质崇拜、金钱崇拜，人就变成了物质的奴隶、金钱的奴隶；科学技术固然重要，但如果推向极端，变成科学主义、科学崇拜，同样会造成对人的精神、想象力和创造力的压抑；民主是好东西，如果把民主推到极端，变成多数崇拜，也会形成对少数人的独立思考、精神自由的压抑，形成多数人专政，这也很可怕。鲁迅最关心的，是人的精神独立与自由。在他看来，中国人不仅会成为专制社会里的帝王的奴隶，在所谓现代文明社会里，也有可能成为物质的奴隶、金钱的奴隶、科技的奴隶，甚至民主的奴隶。对鲁迅一百年前提出的这一警告，当时大家都很难理解，但是现在我们理解了。因为很大程度上我们已经成为物质的奴隶了，所谓"房奴""车奴"，不都是我们每一个人时刻面临的危险吗？

这样，鲁迅不仅把他的批判锋芒，指向中国传统的东方专制主义，而且也指向了西方资本主义文明病，也可以叫作现代文明病。在一百年前，他就作出了这样的预言："从前是我们本身自发的偏颇，现在却是由于交通发达而传来了西方文明的新瘟疫，这两种病患交相侵袭,就加快了中国沉没沦亡的速度。"

鲁迅当年的预警,确实有些超前;今天我们再来听鲁迅的这番话,就会觉得,他所指出的,实在是当下中国所面临的实际危险,是基本上实现了富国强兵的目标的中国所必须解决的问题。

这样,或许只有今天我们才懂得了鲁迅一百年前所提出的"立人"文明观、现代化目标的深意:"首在立人,人立而凡事举","必尊精神而张精神","国人之自觉至,个性张,沙聚之邦,由是转为人国"。在鲁迅看来,"人的个体精神自由"才是现代文明之根、现代化的根本目标。即使物质富裕了、科学技术发达了,但如果没有人的个体精神自由,甚至以牺牲人的个体精神自由为代价,那么,我们也绝不能说,中国已经是一个现代文明国家了,已经实现现代化了,搞不好,还是南辕北辙,走岔路了。也就是说,我们要建立的不是"富国",而是"人国","富国"是手段、过程,"人国"才是目的。

我们在讨论的一开始就指出,中国今天正处在十字路口,意思是说,我们经过一百年、六十年的努力奋斗，物质富裕、科技发展，都有了一定基础，这时候，就应该及时地实现一个转变，由富国强兵的国家主义的现代化路线向以"立人"为中心的、以建立"人国"为目标的现代化路线转变。回顾改革开放的历史，我们的认识也是这样逐渐发展的。70年代末、80年代初期，改革开放起步的时候，我们的口号是"四个现代化"：建立现代工业、现代农业、现代国防、现代科学技术，这基本上就是一条富国强兵的发展路线；到了新世纪，就提出要"以人为本"，实际上这标志着探索道路上认识的一个转变或者说发展。

当然，我们不必把鲁迅"立人"思想和"以人为本"思想简单等同，或做简单类比，毕竟二者之间还是有重要区别的。那是需要做专门研究与讨论的。今天我要强调的是，鲁迅"立人"思想对于我们确定新的现代化奋斗目标，是有很大的启示作用的。下面我稍微详细论述一下鲁迅"立人"思想到底包括什么样的内容。

鲁迅的"立人"思想包括三个概念：个人、精神和自由。

首先是"个体"或者"个人"。也就是说，我们讲的"人",不是抽象的人,而是具体的、一个一个的生命个体的存在。这一点过去我也不甚理解,汶川地震促使我对这个问题有了进一步认识。当时提出的口号是"不放过抢救每一个生命"。从废墟里救出的生命,是一个一个地挖掘出来的,说"为人的生命负责",所讲的就不是笼统的生命,而是要为每一个生命个体负责。确认这一点,非常重要。因为在中国传统文化观念里,人是家庭的人、社会的人、国家的人,而缺少"个体的人"的概念,因而缺乏对生命个体的意义和价值的爱护和尊重。所以鲁迅那一代首先就要强调"个体的人"。鲁迅还特意提出"个"的概念,他的个体精神自由的理念,首先建立在对个体生命的价值的强调上,所针对的就是中国文化的这一基本弱点。我们应该正本清源:为人民服务就是要实实在在地为每一个具体的生命个体负责,尊重、关爱每一个个体。对人的关心必须落实到每一个具体的个人身上,这是一条非常重要的原则,而且是一个非常实际的问题。

汶川地震还确立了一条原则:就是要给最危急、最困难,也是最需要帮助的人以及时救助。这就是说,我们要关爱、尊重每一个生命个体，首先要关爱、尊重弱小的生命。这就是鲁迅所倡导的"弱者本位、幼者本位"的观念。鲁迅举了一个最简单的例子。他说，你到农村去，看看那些乡下女人，她们往往有许多孩子，做母亲的最关心、照顾的，总是最小的，或者最弱的孩子。她不是不爱其他孩子，而是因为那些强有力的孩子能够自力更生，自己照顾自己。鲁迅认为，这些农村妇女所提供的，不仅是一个治家之策，更是治国之策。我们讲以人为本，就要以民为本，以弱者、幼者为本，而不是以官为本，以强者、长者为本，而且这一观念不能停留在口头上，而是要落实到一个个具体的行动上。

鲁迅的第二个关键词，是"精神"，强调人的精神的意义。我们讲人的生命，不仅是指生理上的生命，更是指精神上的生命。"五四"时期对人有一个基本概括，叫"进化的动物"。在生理追求这个层面上，人和动物是没有区别的，所以人有动物性；但人之所以区别于动物，或者高于动物，就在于人有精神追求。鲁迅有一句名言："我们目下的当务之急，是：一要生存，二要温饱，三要发展。"生存和温饱，是人和动物都有的需求,但发展却是人所特有的追求。合起来,生存、温饱和发展,就是人的基本要求,或者说是人的基本权利。我们现在讲"人权",就是讲这三大权利,它们是不可分割的。问题是,现在有的人把人权限制在生存权和温饱权上,而有意无意地忽略和漠视人的精神发展的权利。我们刚刚讲到弱势群体,在我看来,弱势群体之弱,不仅是物质贫困,更有精神贫困和权利贫困。讲扶贫,讲"三农"问题,重视物质扶贫,当然是重要的、基本的,但如果忽略精神贫困和权利贫困,也会形成误区,而且不能根本解决问题。

鲁迅的第三个关键词,是"自由",这是人的精神发展的核心。鲁迅讲的精神自由,主要有两个方面:第一是指精神的独立,指独立思想、独立人格。每个人都是独立的精神个体,对任何人都不构成依附关系。第二是指人的精神的自由创造和发展,也就是人的自觉精神、主观能动作用的充分发挥。要做到这两点,首先要保障每个人作为国民的民主权利。在自由和民主的关系上,民主是一个前提。

讲到这里,可以做一个小结:个人、精神和自由,构成了鲁迅"立人"思想的三大核心。简单地来说,就是要保证每一个具体个体生命的生存、温饱和发展这三大权利,而发展权的核心就是精神的独立和精神的自由创造,前提就是保证每个人的民主权利,首先是参与公共事务的民主权利。

鲁迅在20世纪初提出的"立人"思想,到30年代又有了进一步的发展。这主要是因为晚年的鲁迅成了一个左翼知识分子,他对社会主义的向往深化了他的认识。这里有一个很有意思的问题:我们现在是社会主义国家,但如果要问"什么是社会主义",恐怕很多人都说不清楚。那么,鲁迅是怎么理解社会主义的呢?他有一个非常明确的说法:"一个簇新的,真正空前的社会制度从地狱底里涌现而出,几万万的群众自己做了支配自己命运的人。"这就是说,在鲁迅看来,社会主义是一个"簇新的,真正空前的社会制度",它的最主要的特征,就是"几万万的群众",主要是社会底层的工人、农民群众,那些备受压迫与奴役的弱势群体,在政治、经济上获得彻底解放,"自己做了支配自己命运的人"。这显然是他早期的"立人"思想的重大发展：他的"弱者本位，幼者本位"的思想，有了更明确的阶级指向，如他自己所说，他相信"唯新兴的无产阶级才有将来"，从而更自觉地为工人、农民的政治、经济的解放而奋斗；而他所追求的个体精神自由，也发展为每个人"自己支配自己命运"的社会理想。

鲁迅这一和社会主义理想结合在一起的、发展了的"立人"思想，很容易使我们想起马克思、恩格斯在《共产党宣言》里所提倡的新社会理想："代替那存在着阶级和阶级对立的资产阶级旧社会的，将是这样一个联合体，在那里，每个人的自由发展是一切人自由发展的条件。"恩格斯说，这条原则，是最能概括"未来新时代的精神"的。马克思、恩格斯这里所说的以"每个人的自由发展"为前提的、追求"一切人自由发展"的"联合体"，与鲁迅所说的追求"个体精神自由"、使每个人"自己支配自己命运"的立人理想，显然存在内在的一致性。在我看来，这是可以为基本上实现了独立、统一、温饱这三大国家目标之后的中国，提供一个新的理想目标的。也就是说，我们现在应该更加自觉地去追求"每个人的自由发展"，确立每一个公民"自己支配自己的命运"的主体性与独立性，以此作为国家现代化的新的长远目标。而且这才是真正的社会主义的题中应有之义。

（三）个人发展目标："幸福的度日，合理的做人"

下面讲鲁迅的"立人"思想对我们每一个人的意义。这是《鲁迅论中国人和社会的改造与发展》第二篇"目标篇二"所讨论的问题。

鲁迅对"立人"思想还有两段经典性的论述。

一是我们前面已经提及的"一要生存，二要温饱，三要发展"。鲁迅还有这样的具体解释："我之所谓生存，并不是苟活；所谓温饱，并不是奢侈；所谓发展，也不是放纵。"鲁迅先生的下一句话是：此后我们要"幸福的度日，合理的做人"。

这里，鲁迅实际上是给我们每一个人的发展提出了一个目标。"幸福的度日，合理的做人"的背后，是一个价值理念、生活理想的问题，所提出的是一个"幸福观"与"做人观"的大问题。

我们每个人对幸福的理解，其实是有一个发展过程的。就我个人而言,我最早对幸福的理解,就是首先要有一个好的工作和稳定的收入,有一个基本的工作和生活条件。记得读大学时,我就定了三大幸福指标:"一间房,一本书,一杯茶。"在我的想象中,如果能坐在完全属于自己的书房里,自由自在地一边喝茶,一边读书,就是最大的幸福了。这是一个典型的读书人的幸福观,也可以说是我做了几十年的梦。因为在我们生活、成长的20世纪的五六十年代,不但"有一间独立的书房"是一种奢望,而且追求"一本书,一杯茶"的生活方式,本身就是一种罪恶,因此受到了数不清也说不清的批判。今天的诸位大概没有我这样的苦恼,但有一点应该是相同的:每个人最早的幸福观都是立足于物质基础上的幸福,也就是要解决生存、温饱问题。大概每一个年轻朋友,首先追求的,还是我当年的"一间房",而且是住房,还不是书房。实际上,我们应当强调物质生活是人的幸福的基本保障。这一点,是不能动摇的。现在有人宣传幸福不在于物质,而在于个人心灵是否平静。对这种要求我们"安贫乐道"的说教,应该保持警惕。相反,我们应该理直气壮地维护自己的物质利益，争取自己的基本生存权和温饱权，因为物质基础是人的幸福的基本保证和前提。尤其在今天的中国，相当部分的人还没有解决这些问题，其中不仅包括已经和潜在的失业工人、农民工，还有这些年议论得最多的"蜗居"的"蚁民"，所以今天我们还是要强调物质对于幸福的基础性意义。

然而，对于大多数人来说，在解决了生存、温饱这两个问题以后，还会遇到新的问题，主要是精神发展的苦恼和不幸福感。我们现在面临的也是今天我要重点讲的问题：基本解决温饱后我们如何理解幸福？什么叫"幸福的度日"？什么叫"合理的做人"？

我在准备这篇导读时，正好看到杂志上有一篇文章谈到现在许多年轻人有三大不幸福感。

首先，是不安全感。因为他们的幸福全部建立在物质基础上，他们的全部价值都捆绑在有稳定的工作和不错的收入上，一旦失去工作，收入降低，人就一无是处，就产生了极其强烈的不安全感。特别是在金融危机的情况下，失业成为悬在每个人头上的利剑，工作中战战兢兢，唯恐得罪上司、老板，不得不主动加班加点，实际上把自己出卖给了公司，还整天惶惶不安。

其次，是突然失去目标的焦虑感。原来目标很明确：要有好工作、好收入，要有房子和车子等，而一旦目标实现或基本实现，就出现了一个问题：有了房子，有了汽车，又如何？反过来想想，自己为此付出了多大的代价？透支了健康，透支了情感，透支了生活，这样做到底为了什么？许多人都为此而焦虑。这是可以理解的：人毕竟是有精神追求的，单纯的物质享受是不可能成为人唯一的生活目标的。这篇文章就提出了一个"心安何处"的问题。老百姓常说：心安是福，只有心有所安，才会有真正的幸福。但是，何处使我们心安？我们的精神的家园在哪里？失去生活目标，失去信仰，找不到精神家园，这大概就是现在已经基本解决了温饱问题以后的中国人普遍存在的最严重的问题。

最后，很多人还有孤独感。这是这些年来以物质生活为中心的发展以及竞争所带来的后果。在无休止的竞争中形成了一个"他人即敌人"的观念，用敌意的眼光看周围的人，以"恶意假设"彼此对待，把别人做的事情都从坏的方面去想，比如现在很多人看到老人倒在地上而不敢去救，因为别人会怀疑你的动机。这样，人与人之间，就失去了最基本的信任感。医生不相信病人，病人不相信医生；老师不相信学生，学生不相信老师。自己释放恶意、敌意，又彼此交换恶意、敌意，这就极严重地毒化了社会环境。在这种情况下，传统的亲情、友情也逐渐淡化了。所以，有人说，我们上班是戴着面具的，回家摘下面具后就觉得只是孤单一人。这些年，在城市里，特别是在大城市里，不仅孩子玩游戏机，连大人也在玩游戏机，其实就是借此填补内心的空虚。这样的孤独感、空虚感，发展到极端，就导致越来越多的自杀现象。

这一切，都反映了一种社会普遍精神危机。无情的事实提醒我们，在基本解决了温饱问题以后，最迫切的任务，就是要解决"心安何处"的问题，其核心就是鲁迅提出的"幸福观"的问题，我们要对已经习以为常的"以物质生活和享受为核心"的幸福观进行反思，以建立一种更为合理的新的幸福观。

幸福观的问题不仅是中国的问题，它同时也是全球性的问题。有意思的是，最早提出幸福问题的，不是经济发达的欧美国家和日本的人，而是东方的小国不丹的国王。他提出一个"国民幸福总值"的概念，强调要在物质生活和精神生活之间保持一种平衡，并提了四条标准：政治善治、经济增长、文化发展、环境保护。他说衡量一个国家的发展，不能只看经济发展总值，而应当从这四个方面作出综合评价。最近，中国有位学者提出了五项国民幸福指标：一是政治自由；二是经济发展的机会与社会参与的机会平等；三是要有安全保障；四是文化价值；五是要有环境保护。中国政府也曾提出过六项关于幸福的标准，可能大家平时不太关注，即民主法治、公平正义、诚信友爱、充满活力、安定有序、人与自然和谐。这其实也是一种幸福观。民间对幸福也有自己的理解。比如民间解读"和谐"，说所谓的"和"就是有禾入口，所谓"谐"就是有言皆说、有话都可以说。这也可以看作民间的幸福观：首先，人人有饭吃；其次，人人可以自由讲话，不仅仅是言论自由，还包括人的精神自由，也就是要追求生存、温饱和发展的统一，物质和精神的统一。

这里的核心就是物质生活和精神生活的关系问题。在这方面，鲁迅也有很精彩的论述，《鲁迅论中国人和社会的改造与发展》里，有一节"致人性于全"，就是专门讨论这个问题的。他讲了三句话：第一，"钱是要紧的"，物质是基础，人的本能欲望并非罪恶；第二，"自由不是钱所能买到的"，金钱并非万能，物质不能尽"人性之本"；第三，自由"能够为钱所卖掉"，如果对金钱崇尚过度，就会变成金钱的奴隶，失去精神自由。只注意外在的物质，抛弃内在的精神，就会为物欲所蔽，失去人的本性。鲁迅强调，要"致人性于全"，也就是说，要在满足人的物质欲望和精神自由发展之间，取得一种平衡，保证人性的全面、健康发展。

"幸福观"，不仅是一个价值观，同时也包含着一种对能给自己带来幸福的生活方式的选择。我在北京曾和许多青年志愿者讨论过：我们应当建立一种怎样的合理的理想的生活方式？我讲了五点。

第一，在基本上解决了温饱问题的前提下，我们应当追求简单的物质生活与丰富的精神生活。这也是从鲁迅的论述里引申出来的。鲁迅说,生存"并不是苟活",就是说要追求活着的意义、价值与质量,最有意义、价值的生活就是精神生活,精神实为"人类生活之极巅","人生之第一义",因此,追求精神生活的丰盈应该是无止境的,只有在这样的无止境的追求中,才会得到人之为人的幸福。精神的追求高了,在物质追求上就应该有所节制,这就是鲁迅说的,温饱"不是奢侈",发展"不是放纵",这就是"简单的物质生活"。其实,朴素、简单的生活,是更接近人的本性的,是一种更本色的人的生活。

关于如何丰富我们每一个人的精神生活,这是一个大题目,有许多文章可做。这里,只想对诸位提一个建议,就是要多读书,让读书成为我们的生活的重要内容,甚至成为生活的习惯。我经常说,读书最大的好处就是不受时间、空间的限制。在我们每个人的日常生活的空间和时间中,人际交往都是有限的,但我们可以通过读书超越时空,和百年之前、万里之遥的古今中外的人交友,这就可以极大地开拓我们的精神空间。读书交友还有一个好处,就是可以"召之即来,挥之即去"。比如我们想到了孔夫子,打开《论语》,就可以和孔夫子对话;谈累了,合上书本,孔夫子就走了。这多好,多有意思!

第二,在紧张和安闲、进取和散淡之间取得一种平衡。现代生活是高度紧张化的,是不是可以有点变化?中国道家的传统追求散淡,儒家追求进取,我们能不能在儒、道之间寻取某种平衡?现在也有一种理念叫"慢生活",是有一定道理的。

第三,在城市生活和乡村生活之间寻取某种平衡。长期居住在城市里的人能不能去乡村生活一段时间?因为人在大自然之中,是一种最理想的生活方式。我以前说过一句话:立足大地,仰望星空。这是一种最理想的人的生存方式,也是最理想的教育方式。人流动于城乡之间,是最理想也是最幸福的。顺便对于年轻的父母提一个建议,你们在培养子女的时候,是不是可以安排孩子每年到农村去生活几个星期或者一个月,不是去旅游,而是真正地生活,让你们的孩子与农村的孩子一起在田野里疯跑,在河水里游泳,这对孩子的发展是至关重要的。长期生活在城市,尤其像上海这样的大城市的狭窄空间里,是会束缚孩子的成长的。

第四,在体力劳动和脑力劳动中寻求某种平衡。这里我要特别强调的是手工劳动。因为现代化企业都已实现了机械化,这就造成了人的手越来越不灵巧的问题。手工劳动其实不仅仅是一种劳动,更关乎人的健全发展;所以,手工劳动是不能取消的。现在很多人设计的新生活方式,就是利用业余时间做手工活儿。美国就有手工俱乐部,大家一起织毛衣,或者男的造皮箱,女的做皮包,全部活动都是手工完成,并在互相交流中展示各自的创造力。

第五,在私人生活和公共生活中取得某种平衡。人不能完全把自己局限在家庭的私人生活中,应当适当地参与公共生活。要提倡一种志愿者的精神,把帮助别人作为一种生活的习惯,甚至生活的方式。我们不能只在参加志愿者活动时助人为乐,而应该在日常生活中,只要看到有人有困难,就立刻出手帮助,使之成为一种本能性的反应。

以上所谈的理想的幸福生活,有一个基本思路,就是要在各方面取得平衡:物质与精神的平衡;紧张和安闲、进取和散淡之间的平衡；城市生活和乡村生活之间的平衡；体力劳动和脑力劳动之间的平衡；私人生活和公共生活之间的平衡；等等。其中最核心的就是物质生活和精神生活之间的平衡。在我的理解里，这是"幸福的度日"的关键。

《鲁迅论中国人和社会的改造与发展》里，还有一个专节"自他两利"，是讨论价值观、伦理观的，在某种程度上可以看作鲁迅的"合理的做人"思想的一个展开。我理解"合理"的关键就是要处理好自我与他人、个人和集体的关系。

不妨回顾一下，这一百年来，我们在处理自我与他人、个人与集体关系的问题上，有过多少次摇摆。我记得在我们年轻的时候最盛行的口号是"毫不利己、专门利人"，完全强调群体，强调"我们"，而无条件地牺牲个人，抹杀自我，这是20世纪五六十年代的主流思潮，我们是这样培养出来的，这产生了很多很多问题。到了八九十年代，又走向了另一个极端，强调"我"，一切都从"我"出发。我们就这样来回摇摆：有"我"就没有"我们"，有"我们"就没"我"。那么，到底该如何处理"我"与"我们"的关系，如何处理自我和他人、个人和集体的关系呢？

我们来看鲁迅的观点。他谈了两个很有意思的看法。首先是"人各有己，群之大觉近矣"，就是说，每个人都感觉到自我的存在与价值，人群就接近彻底的觉悟了。这里强调的是，自我的觉醒是社会觉醒的基础与前提，这和我们前面谈到的马克思、恩格斯的"每个人的自由发展是一切人自由发展的条件"的观念是十分接近的。鲁迅还有一句话："人各有己，不随风波，而中国亦以立。"即每个人都把握住自己，有独立的意志，不随波逐流，中国就可以真正站起来了。也就是说，国家的独立自主也必须建立在个人独立自主的基础上。因此，在鲁迅的思想中，个人的独立、自由、自主，对社会解放和国家发展是具有基础性、前提性的意义和价值的。这是建立在鲁迅对人性的一个基本把握上的：人的本性，首先表现为个体性。

但同时，人又具有群体性、社会性。于是，又有了鲁迅式的命题："无数的人们都和我有关。"因此，鲁迅说，"博大的诗人"，真正的知识分子，是能够

"感得全人间世"的,也就是说,他能够感受人间一切的欢乐与痛苦,而绝不是"咀嚼着身边的小小的悲欢,而且就看这小悲欢为全世界"。鲁迅进而说:"看见别个被捉去被杀的事,在我,是比自己被杀更苦恼。"这是一种博大的精神和胸怀,他能够感受到自我的生命和他人生命的内在联系和沟通:别人的痛苦与不幸,就是自己的痛苦和不幸;人世间只要有一个人没有摆脱痛苦与不幸,自己就是不幸福的。这背后是有一个理念支撑的:只有在群体的发展中,才能真正实现个体的发展,个体的发展与群体、社会发展之间是存在着相依相存的关系的。

鲁迅由此而提出了"自他两利"的新的道德观、价值观。他说:"道德这事,必须普遍,人人应做,人人能行,又于自他两利,才有存在的价值。"这也是"五四"那一代人的道德观;在我看来,今天也还不失其意义,可以作为一个基本的价值伦理观念:要把"为己"与"利他"统一起来,以取得"自我"和"集体"的关系、"我"和"我们"关系的协调、平衡。我们讲"合理的做人","合理"就是协调与平衡。根据鲁迅这一思想，我提出了一个"'我们'中的'我'，'我'中的'我们'"的概念。就是说，当强调"我们"的时候，不要忘记"我"，要记住"我们"的发展必须以"我"的发展作为基础；当强调"我"的时候，不能忘记"我们"，因为每个人的发展必须以集体的发展作为前提。也就是说，个人和集体，"我"和"我们"之间是互为前提的，根本的原因就是前面说到的人的本性上的两重性：人既有个人性，同时还有群体性、社会性，因此，我们只能在二者间寻求平衡，而不能用一个否定另一个，一个代替另一个。当然，这样的平衡，也只能是一种动态的平衡，是在不断地矛盾、冲突，不断地协调过程中达到的相对的平衡。

做到了为己、利他的统一，正确处理了个人和群体的关系，就为"合理的做人"奠定了坚实的基础。除此之外，鲁迅还为如何"做人"提出了几项基本要求，概括起来就是三个字：真、诚、爱。每个字都有极强的针对性：在鲁迅看来，都是中国国民性里所缺失的。

首先是"真"。在《鲁迅论中国人和社会的改造与发展》里有一节叫"真的猛士"，里面讲了两层意思。

所谓"真",就是要敢于正视历史与现实的"真相",大胆地看取人生。鲁迅说,中国人最大的毛病,就是"万事闭眼睛,聊以自欺,而且欺人"。社会的问题,个人的不幸,仿佛眼睛一闭,就什么都不存在了,于是,无问题,无不满,也就无改革了。鲁迅不无沉重地说,就这样,"中国人更深地陷入瞒和骗的大泽中,甚而至于已经自己不觉得"。正因为如此,鲁迅不断地呼吁"真的猛士",并且说:"真的猛士,敢于直面惨淡的人生,敢于正视淋漓的鲜血,这是怎样的哀痛者和幸福者。"一个不断追寻,并敢于面对真相的人,当然会承担许多痛苦,但因为正视,就会去努力改变现状,从而收获苟活者不能想象的幸福。其实,我们每个人时刻都会遇到这样的选择:当遇到社会和个人生活中的问题时,是正视,还是闭上眼睛?是积极进取改变现状,还是消极逃避、苟活?就看你要如何做人,做什么人了。

"真",还要敢于"说真话"。鲁迅曾有"无声的中国"之说,原因就是中国人不敢发出自己真实的声音,他因此号召青年人要"大胆地说话,勇敢地进行,忘掉了一切利害","将自己的真心话发表出来"。他说:"只有真的声音,才能感动中国的人和世界的人;必须有了真的声音,才能和世界的人同在世界上生活。"只有大家都说真话,至少说"较真的话",人们才能以"真心"相处,成为一个和谐的群体。

鲁迅还说过:"我们民族最缺乏的东西是诚和爱。"

先说"诚"。这里也有两个层面:一是个人,做人要诚实,诚恳,讲诚信,言而有信;二是人与人的关系,彼此要讲"诚信",以诚待人,自然就会建立信任。这其实是当下中国最大的问题:不仅到处是假冒伪劣,人与人之间更是失去了基本信任。这就造成了人与人关系的空前紧张:不仅是官与民之间,更是社会各群体之间——医生和病人之间,老师和学生之间,父母和子女之间等,这都是缺乏"诚信"的结果。

鲁迅最为关注、谈得最多的是"爱"。他有三个非常具有启发性的观点。

其一,他提倡"离绝了交换关系、利害关系的天性的爱"。他说:"一个村妇哺乳婴儿的时候,决不会想到自己正在施恩;一个农夫娶妻的时候,也决不以为将来要放债。只是有了子女,即天然相爱,愿他生存;更进一步的,便还要他比自己更好。"这是发自人的自然本性的爱,父母、子女之间,既不存在权力关系,也没有利害关系,只存在着建立在血缘关系上的无条件的、无私的爱。鲁迅进一步主张,要将"这天性的爱,更加扩张,更加醇化",推广到全社会,至少首先觉醒的先觉者应该做到这一点,以"无我的爱"去对待每一个人。鲁迅说"我们要叫出没有爱的悲哀",就是深感这样的无我、无私的爱的失落。今天的中国,连父母与子女之间也充满了权力带来的利害关系和交换关系。父母养育子女,就自以为有恩于子女,因而视子女为自己的财产,要求子女绝对服从于自己;更有父母将养育儿女视为投资,要求子女回报自己。这都是违背了人的天然的爱的本性的。事实上,权力关系、利害关系、交换关系已经渗透到今天中国人的人与人的关系中,这正是当下中国社会人与人关系空前紧张、淡漠的重要原因。鲁迅的爱的呼唤就显示出了特殊意义:我们要用出于人的自然本性的,超越了权力、利害、交换关系的爱,作为处理人与人关系的一个基本准则。

其二,鲁迅提倡的爱,是一种"幼者、弱者本位的爱"。这一点,在前面已有论述,就不多说了。

其三,鲁迅在追问爱的缺失的原因时认为,根本的问题是中国人缺乏对生命的敬畏和关爱。这是抓住了要害的。鲁迅写过一篇《兔和猫》,其中谈到他的一次观察和体验:一天,他在上班的路上,看见一只小狗被马车轧得快死了;晚上下班回来,再经过这里,却什么也没有了,只有许多行人在匆匆走着,仿佛一切都没有发生。"谁知道曾有一个生命断送在这里呢?"鲁迅深深感到人对生命的淡漠,并由此反省自己:"夏夜,窗外面,常听到苍蝇的悠长的吱吱的叫声,这一定是给蝇虎咬住了,然而我向来无所容心于其间,而别人并且不听到……"我自己每读到鲁迅这段文字,都受到很大的震动:鲁迅对一条狗的生命、一只苍蝇的生命,都如此动心动情,为自己对这些小动物的生命的痛苦与毁灭的麻木而自惭;而我们呢,连对人的生命的起码关爱都没有,在人的生命的毁灭面前,我们岂止是无动于衷,有的还幸灾乐祸、落井下石。这不仅是麻木，更是一种残酷。鲁迅说，"造物主"（上帝）"实在将生命造得太滥，毁得太滥了"，大概是这样吧：中国人实在太多，太不值钱了。或许正因为如此，今天的中国，必须补这一课：要懂得生命的可贵，敬畏生命，关爱生命，这是我们前面所讨论的"立人"思想的根本，也是我们这里讨论的"如何做人"的根本。

真正要"合理的做人"，最根本的，还是要解决人的"信仰"问题。这也是鲁迅所强调的，他有一个重要命题："人无信无以立。"他说，人的心灵是必须有所寄托的，没有信仰，人就不能立身。他还说，真正的革新者内心是一定有"理想之光"的。他同时提醒我们，要警惕那些"伪士"，这些人口头上大谈信仰，而且经常指责别人没有信仰，其实他自己是什么也不信从的，一切不过是利用而已；而且这些人还特别善变，今天这样说，明天那样说，仿佛信誓旦旦，其实不过是流氓。鲁迅说"伪士当去"，也就是说，我们必须和"伪士"划清界限，建立起真正的信仰。如何建立自己的信仰，这是一个人生大问题，需要做更深入的讨论，今天只是把问题提出来，提醒大家注意。

（四）"改革之路"与"开放之道"

在确立了国家、社会、个人的以"立人"为中心的发展目标以后，还有一个问题：怎样才能实现这一目标？这就是《鲁迅论中国人和社会的改造与发展》第三部分"道路篇"所要讨论的问题，其中主要讨论了两个问题："改革之路"与"开放之道"。

先看"改革之路"。在鲁迅这里，"改革"与"革命""革新"是同一概念。

鲁迅首先提出的命题是"中国改革之不可缓"。他提了两条理由。其一，中国的历史与现状，都决定了中国改革"不可缓"。鲁迅认为，中国社会的危机，已经到了这样的程度，如不通过改革改变现状，不要说"真实自由幸福的生活"不可得，连"生存也为难"。其二，"倘不彻底改革，就要从'世界人'中挤出"。在19世纪中后期，中国打开大门，成为"世界"的一个成员以后，中国的改革、中国的一切问题，就都必须放到世界的大格局里去考虑了。鲁迅说："想在现今的世界上，协同生长，挣一地位，即须有相当的进步的智识，道德，品格，思想，才能够站得住脚。"中国如果不改革,赶上世界发展潮流,就有可能"失了世界,却暂时仍要在这世界上住",鲁迅说,这是他的"大恐惧"。这可以说是中国几代人的共同恐惧与焦虑。今天,在经历了近百年,特别是近三十年的改革历程后,我们回过头来看鲁迅当年所说的改革的理由,自会有更深的体会;而且,即使到了今天,鲁迅说的这两条恐怕还是我们要继续改革的理由,甚至似乎更为迫切:不仅国内的社会状况又有了新的内容,而且世界已经进入全球化的时代,中国改革的全球背景也更为突出。

我想要讨论的是,中国在经过三十年的改革以后,要继续深化改革的"动力"问题。鲁迅有两个观点,非常值得我们注意。他说,"不满是向上的车轮","多有不自满的人的种类,永远前进,永远有希望。多有只知责人不知反省的种类,祸哉祸哉!"——这是一个极重要的提醒。不可否认,改革三十多年,中国取得了举世瞩目的进步,在这样的情势下,最容易产生的就是盲目的自满,而回避中国存在的许多严重问题、危机和挑战,"不知反省"。这样,就有可能失去改革的动力而停滞不前,甚至走回头路,这是改革的真正危险。要知道,"不满"才是改革的不竭动力,永远不满足现状,不断批判现实,改革才能持续不断,才"永远有进步,永远有希望"。如果把鲁迅寄以希望的"多有不自满的人"视为改革的障碍,误以"动力"为"阻力",最终损害的必定是改革自身。

鲁迅的另一个概括与判断更足以使我们清醒。他说:"曾经阔气的要复古,正在阔气的要保持现状,未曾阔气的要革新。"所谓"阔气",讲的就是利益问题;也就是说,改革发展到今天,所遇到的就是利益问题:所谓"曾经阔气"的,就是改革前的既得利益者,因此,他们反对改革,要求"复古",回到改革前的状况去;所谓"正在阔气"的,就是当下的既得利益者,因此,他们要"保持现状",不再有改革的动力,甚至成为改革的实际上的阻力;唯有"未曾阔气"的,他们没有充分享受改革的利益,甚至是利益受损者,因此,不满意现状,要求继续深化改革。这正是当下中国的改革所面临的最大问题:如何获取改革的新动力?怎样处理改革中的利益关系?鲁迅的提醒,既是对中国改革的历史经验的总结,同时又具有极大的现实性。

鲁迅思考得最多的是中国改革的空前艰巨性,这是他的改革思想的重心所在。在这方面他有许多精彩的论述。这里只谈三点。

鲁迅首先提醒人们注意:"体质和精神都已硬化了的人民,对于极小的一点改革,也无不加以阻挠,表面上好像恐怕于自己不便,其实是恐怕于自己不利,但所设的口实,却往往见得极其公正而且堂皇。"这就是说,改革的阻力不仅来自既得利益者,也可能来自普通老百姓。如鲁迅在《习惯与改革》里所说,真正深刻的改革必然触及社会的风俗与习惯的改革。这种习惯势力是几十年、几百年,甚至几千年来所形成的,并且是为大多数人所习以为常的。鲁迅说:"社会上多数古人模模糊糊传下来的道理,实在无理可讲;能用历史和数目的力量,挤死不合意的人。"鲁迅因此将这样的千百年形成、千百万人所奉行的习惯势力,称为"无主名无意识的杀人团"。这就是说,这样的习惯势力的反对,常常是没有名目的,而且是无意识的,因此,鲁迅说:"死于敌手的锋刃,不足悲苦,死于不知何来的暗器,却是悲苦。但最悲苦的是死于慈母或爱人误进的毒药,战友乱发的流弹,病菌的并无恶意的侵入。"这是每一个改革者都会遇到的:反对者往往是自己最亲近的人,面对这样的出于善意的阻止,改革者是会有说不出的悲苦感的。鲁迅据此提出了一个极为深刻的概念:"无物之阵"。就是说,你要进行某种改革,分明感到有阻力,但却摸不着、说不出、抓不到,就和民间传说中的"鬼打墙"一样,其实那就是这里说的千百年、千万人的"习惯势力"。面对这样的习惯势力的阻碍,改革者往往会陷入不知所措的尴尬境地,但又必须认真对待:这正是改革的特别艰难之处。

鲁迅的第二个提醒是:中国是一个"大染缸","每一新制度,新学术,新名词,传入中国,便如落在黑色染缸,立刻乌黑一团,化为济私助焰之具"。这一点,大概我们每个人都深有体会:许多很有价值的新观念,许多在外国行之有效的制度、措施,一旦进入中国,就变味、变样、变质了。这里有两个问题。一是旧中国的体制有极强的同化力,如果只有新观念、新制度，而不进行体制的根本改革，就难免被同化的命运。二是鲁迅一再说的，是中国人的不认真，"中国人总只喜欢一个'名'，只要有新鲜的名目，便取来玩一通，不久连这名目也糟蹋了，便放开，另外又取一个"，新名词、新制度喊得震天响，不过是玩玩而已，并不准备认真实行，这样，骨子里不变，新思想、新制度不过是招牌和装饰，早已化为"济私助焰之具"，所谓"改革"也就变成了谋取私利的新的借口与手段。

鲁迅的第三个提醒是，严防改革的"反复"和"羼杂"："但看中国进化的情形，却有两种很特别的现象：一种是新的来了好久之后而旧的又回复过来，即是反复；一种是新的来了好久之后而旧的并不废去，即是羼杂。"本来，反复和羼杂，是历史转型时期的改革中必然发生的现象；鲁迅所警惕的，是旧的复辟，导致改革的失败，以及以旧充新，旧事物和真正的新事物混杂在一起，导致改革的变质。

最后要说的是，尽管鲁迅对中国改革的复杂性、曲折性有充分的认识，但他依然认定：中国必须改革，中国一定要前进。生命总在进步，"什么都阻止他不得"。这是他对中国改革之路的一个基本认识:"什么是路?就是从没路的地方践踏出来的,从只有荆棘的地方开辟出来的。以前早有路了,以后也该永远有路。"

我们大概也能从中得到一些激励吧。

《鲁迅论中国人和社会的改造与发展》的"道路篇"的第二部分是"开放之道"。

鲁迅在考察中国发展道路的时候,提出了一个"审己、知人"的任务:"欲扬宗邦之真大,首在审己,亦必知人,比较既周,爰生自觉。"即要发扬民族的伟大精神,首先在于认识自己,同时也必须认识别人,只有周密地比较,才能产生自觉。但鲁迅又说,中国人真要做到"审己知人",并不容易,因为在中国的传统观念里,并没有"世界",只有"天下"的概念,而且自以为中国从来就处于"天下"之"中央"的地位,没有可以较量的对手,因此傲视天下而关门称"老大"。在鲁迅看来,这是老大中国长期不得进步、逐渐走向没落的重要原因,以致到了近代,西方许多国家兴起,带着不同的思想文化来到东方,东西两种文化一经比较,中国才真正认识到自身文化的不足,产生改革的自觉。

因此,在中国的改革中,始终存在着一个如何对待与己不同的西方文化和西方世界的问题,而这个"知人"的问题又是和"审己"即如何认识自己的问题联系在一起的。这正是我们长期以来,恐怕一直到今天都没有很好解决的问题。如鲁迅所说:"中国人对于异族,历来只有两样称呼:一样是禽兽,一样是圣上。从没有称他朋友,认他也同我们一样的。"这里说的是两种倾向:或者把西方人当作"圣上",一切以西方为准则,就像鲁迅说的,"言非西方之理弗道,事非西方之术弗行",话不同于西方的就不讲,事不同于西方的就不做;或者视西方为无文化的"禽兽",好像唯有中国才是"文明大国",其所延续的正是前面说的唯我独尊的"中华中心主义"的思维。可以说,近百年来,中国和西方的关系,就始终在这两个极端之间摇摆,要么以西方为主子,自己为奴,要么以自己为主人,视西方为奴,从来没有彼此以"朋友"平等相待。

这背后其实就是我们前面一再强调的主体性与独立性的缺失:自己没有主体性、独立性,也不尊重他人的主体性与独立性。在鲁迅看来，在处理中国和西方关系时，最重要的就是这个主体性与独立性的问题。他说，中国在汉唐两代，吸取异族文化时是"毫不拘忌"的，原因就在于"魄力雄大"，"人民具有不至于为异族奴隶的自信心"，因此，能够以我为主，"拿来"一切于我有用的东西，"自由驱使"。鲁迅自己也一再"忠告"国人："即使老师是我们的仇敌罢，我们也应该向他学习。"敢于向敌人学习，这才是真正地建立在民族自信基础上的主体性和独立性的表现。

今天我们来讨论鲁迅的这些思想，是别有意义的。因为今天已经是一个全球化的时代，中国的发展已经越来越离不开世界的发展；同时，中国也以独立的姿态，在全球经济、政治生活中发挥着日益重要的作用，在西方老百姓的眼里，中国不再是遥远、神秘的，而是和他们的日常生活休戚相关的存在。这样，中国与西方如何相处，不仅事关中国自己发展，也会对世界的发展产生影响。在这样的情况下，中国自身最应该警惕的，就是"中华中心主义"思潮的泛滥。

"中华中心主义"的另一面，就是国家主义。鲁迅将其称为"合群的爱国的自大":"他们自己毫无特别才能,可以夸示于人,所以把这国拿来做个影子;他们把国内的习惯制度抬得很高,赞美的了不得;他们的国粹,既然这样有荣光,他们自然也有荣光了!"这样,"古人所做所说的事,没一件不好,遵行还怕不及,怎敢说到改革?"在鲁迅看来,国家主义是极容易发展为保守主义的,最终必然成为前面所说的"正在阔气"的、维护既得利益的"保持现状"派,而成为继续改革的阻力——这些一针见血的分析,都显示了鲁迅思想的超前性,因而就具有了当下性;我们完全可以感觉到,他正在对着今天中国的现实发言。

(五)鲁迅三大精神的启示

在明确了以上国家和个人的发展目标、发展道路以后,还有一个大问题:要以什么样的精神去实现目标?这就是《鲁迅论中国人和社会的改造与发展》第四篇"精神篇"所讨论的问题。在这方面,鲁迅精神更具有极大的启示意义。根据我的研究,鲁迅精神可以概括为三个方面:硬骨头精神、韧性精神和泥土精神。

何谓硬骨头精神?其核心就是保持自己的独立性和主体性。鲁迅的骨头"硬"在哪里?就硬在他始终坚持自己的独立性和主体性,同时又尊重别人的独立性和主体性。这个问题,前面讲述得比较多,这里就不多说了。

我想着重谈谈韧性精神。什么是韧性?鲁迅打了一个很有趣的比方。他说天津有一类小流氓,也就是常说的"青皮",你坐火车到达天津站,这些青皮就会跑上前来向你兜售生意,要帮你搬行李,你问要多少钱,他说要两块钱;你说这行李不重,是不是可以便宜点,他说要两块钱;你说路很近,是不是可以少一点,他说要两块钱;你最后说,算了,不要你搬了,他还是说要两块钱。他认准一个目标:要两块钱,就揪住不放,不达目的,绝不罢休。鲁迅说,这就是一种精神,"青皮固然是不足法的,而那韧性却大可以佩服"。

对于韧性精神,鲁迅还有两种说法,也很有意思。

鲁迅说,青年人最容易犯的一个毛病,就是"五分钟热度":在决定做某一件事情的时候,把这件事想得十分美妙,兴奋得睡不着觉,恨不得马上就能达到目的;但具体去做的时候,遇到了挫折,便一下子从高空跌落下来,变得灰心丧气,连动都不想动。鲁迅分析说,之所以会这样,根本的原因,就是把事情看得太容易。鲁迅反复告诫我们:"中国太难改变了,即使搬动一张桌子,改装一个火炉,几乎也要血;而且即使有了血,也未必一定能搬动,能改装。"这绝不是鲁迅文学家式的夸张和想象,可以回顾一下,中国这些年的许多改革,便大多是流血换来的。

重要的是鲁迅由此得出的结论。他说,必须树立起"改革,奋斗三十年。不够,就再一代,二代……"的观念,也就是说,要有一个"奋斗几代人"的战略思想。鲁迅说,这样的"几代人"的数目,"从个体看来,仿佛是可怕的,但倘若这一点就怕,便无药可救,只好甘心灭亡。因为在民族的历史上,这不过是一个极短时期,此外,实没有更快的捷径"。

在我看来,这样的长期奋斗的战略思想与眼光、胸襟,不仅适用于国家的发展,同时,也应该是我们个人成长的指导方向与原则。这里有两个"长":一切都要着眼于"长远发展",要有"长期奋斗"的思想准备。国家如此，我们每一个人，也是如此：选定一个目标，就要一步一步地长期奋斗下去，哪怕奋斗一辈子，"实没有更快的捷径"。

鲁迅由此又提出两条原则，也很有意思。

鲁迅说，人但凡认准了一个目标，无外乎有两种态度：一种态度是为了实现这个目标，不吃不喝，痛哭流涕地拼命干，这样的干法顶多只能坚持一个星期或一个月。另一种态度是，认准了目标，一边干一边玩儿，比如说，一边干，一边看书，这样就可以坚持五年；一边干，一边看戏，大概可以坚持十年；一边干着，一边寻异性朋友，讲情话，就可能坚持五十年至一百年。我理解鲁迅的意思是说，要把你的奋斗目标化为日常生活的实践，和日常生活融合在一起，成为日常生活的一部分，不要把它看作特殊事情，用非常态的办法，不吃不喝不睡，那是难以长期坚持的；要把你的努力、奋斗常态化，这样就可以持续下去。这大概就是准备打"持久战"吧。

我把鲁迅提倡的做法，概括为"边玩儿边打"。其实人无非有三种活法：一种是"只玩儿不打"，就是没有奋斗目标,混日子,这大概为希望前进的青年所不取;另一种是"只打不玩儿",为了一个目标,拼了老命去干,而不懂得张弛之道,这恐怕很难做到,也不容易被接受;第三种就是"边玩儿边打",一边朝着自己的目标奋斗努力,一边该做什么就依然做什么,这大概是最可接受的,既合理又合情。

鲁迅对韧性精神的另一个说法是,"慢而不息"。这里有两层意思。首先就是要"慢"。中国有句名言,"欲速则不达",就是此意。中国的事情太复杂,做事太难,不是你急就急得出来的,必须慢。中国的事情不能立竿见影,过于急功近利,在中国是行不通的,只能慢。一个"必须慢",一个"只能慢",这就是中国的国情。

这里,我要补充一点,"慢",不仅是中国国情所必需,更体现了尊重事物发展的客观规律的精神。我们曾经有过头脑发热,不尊重客观规律,盲目"大干快上",搞"大跃进",结果造成生产力大破坏的教训。我因此产生了一个想法,我们的建设、改革,是不是可以确立一条原则,就是"开始要早,步子要慢",也就是态度要积极,行动要谨慎,尤其是要小心决策,反复研究,反复讨论,反复试验,想不清楚看不准的事,绝不轻易开动,意见不一致,思想不统一,就不妨放一放,冷一冷,什么事都"留有余地"。这样虽然看起来慢了,但一旦想清楚看准了、意见统一了就坚决地做,一做就务必做好,做一件成一件,一步一个脚印,少走弯路,减少了返工,时间一长,就可以看出效果,反而快了。这就是"慢与快"的辩证法。

"慢"向"快"的转化,关键是在"做",这就是鲁迅所强调的:不仅要"慢",更要"不息"。鲁迅打了一个比方,他说去看田径运动会,有两种运动员最值得尊敬,一种是跑在最前面得了冠军的,理所应当得到大家的尊重;但是并不是所有的人都跑得很快,也不是所有的人都可以成为冠军的。还有一种人,他虽然跑得慢,但从不停息,并最后到达目的地,这种人也是值得尊敬的。而另一些人,开始跑得很快,后来发现跑不过别人时便不跑了,半途而废了;更有人故意摔一跤,然后溜了。这些都不足取。鲁迅说,我们要提倡的是"不耻最后"的精神:"即使慢,驰而不息,纵令落后,纵令失败,但一定可以达到他所向的目标。"在我看来,这应该是我们每一个普通人,即所谓"笨人"(鲁迅说的"傻子")的人生哲学、人生态度:认准一个目标,就锲而不舍地做下去,不怕落后,不怕失败,绝不放弃,绝不息慢,这样,我们也能达到自己的目的,实现我们的理想。

最后是鲁迅倡导的"泥土精神"。泥土精神是鲁迅在北京师范大学附中的一次演讲中对年轻人提出来的。年轻人总是喜欢立大志,总是渴望自己成为天才。不是有一句有名的话吗:"不想当将军的士兵绝不是好士兵。"这句话很有道理,因为人都是需要立大志的。但是,鲁迅提出了一个很有意思的观点,他说,天才固然重要,但是天才不是大家都能做得了的,我们大部分人是做不了天才的。做不了天才我们做什么呢?我们做"泥土"。做"泥土"这个目标,对大部分人来说是比较贴近的。而且鲁迅还说,天才是需要有泥土作为基础的,我们做不了天才,就做培育天才的泥土,也自有一种价值和意义。我想,鲁迅的这种说法是比较符合我们每一个人的,我们中间大概不会有多少天才，应该大部分都是"泥土"。

鲁迅说，"做泥土"是一个比较"贴近"的目标。不过，尽管它"贴近"我们每个人的实际，似乎比较容易做到，但既然是"目标"，也就有其不容易的一面：要做好泥土，也是要有精神支撑的。那么，什么是"泥土精神"呢？鲁迅也有三点论述，很值得注意。

其一，"不怕做小事情"。鲁迅说："中国正需要肯做苦工的人，而这种人很少"；在中国，"实做的少，监督的太多，个个想做'工头'，所以苦工就更加吃苦"。鲁迅强调"做苦工"，其实就是提倡一种"实干精神"，而且要"切切实实，点点滴滴做下去"。鲁迅本人就是一个榜样，他说自己每天不停地做事情，"数十年来，不肯给手和眼闲空，但早已成了习惯，不觉得什么了"。

受鲁迅精神的启发，我曾向年轻人提了一个口号："想大问题，做小事情。"我们常常陷入两个极端，要么只想大问题，不屑于做小事情，陷入空谈：一群年轻人聚在一起，热血沸腾，高谈阔论，讲了一大堆理想、目标，谈完了回家后啥事也不干；要么埋头做小事情，不想大问题，陷入忙忙碌碌的日常事务，脑子里没有一个大目标,小事情就逐渐烦琐化,他看不到日常事务背后的意义,就会失去持续工作的动力。如何把高远的目标和实际工作结合起来,把理想和实干结合起来,把高远的理想落实在一件一件具体的事情上,正是鲁迅泥土精神的一个核心。

其二,要"认真做事"。这是鲁迅一再说及的,"日人太认真,而中国人却太不认真",最大的毛病就是"将事情不当事"。我有不少日本学术界的朋友,我觉得他们的学术研究的最大特点,就是极端认真,每一个细节都不放过,对每一件小的事情都精益求精,尽量做好,而我们中国人,无论做事做学问,都常常是马马虎虎,大而化之。为什么会有这样的差别?鲁迅认为,关键是中国人太会"做戏"。鲁迅有一句很深刻的概括:"中国是一个文字的游戏国。"中国人还喜欢"宣传"。鲁迅有一篇文章,题目就叫《宣传与做戏》,说中国许多事情,都是"话一句耳",只是说说,不准备认真做的。更可怕的是,"光说不做""做戏"已经成为一种游戏规则了,如果有哪一个人认真起来做事,反而会被当作傻子。因此,要做一个认真做事的"傻子",在中国是一件很难的事情。

其三,鲁迅强调要"执着于现在"。中国人当对现实不满的时候,常常有两种逃路,一个是回忆过去,说过去怎么怎么好。大家大概都有这样的经验:这些年老同学特别喜欢聚会。据我的观察,聚会的主要内容就是怀旧,越是现实处境不太好的同学,越是喜欢怀旧,把"过去"当作精神的避难所,仿佛一回忆起过去,现实的苦恼就都不存在了。还有一种逃路就是把什么都寄托在未来,说我现在不行,我以后会怎么怎么好起来。所以鲁迅说:我们"不是怀念'过去',就是希望'将来',而对于'现在'这一个题目,都缴了白卷"。鲁迅的选择恰恰相反,他有一句名言:"仰慕往古的,回往古去罢!想出世的,快出世罢!想上天的,快上天罢!灵魂要离开肉体的,赶快离开罢!现在的地上,应该是执着现在,执着地上的人们居住的。"这是一个非常深刻的提醒:不管你对所面对的现实多么不满,你都必须正视它,只有正视现实,才有可能去改变现实。这是泥土精神更为深层的含义:一切从"改变现在"做起。

最后要说的是鲁迅对青年的"寄语"。鲁迅说,青年有睡着的,玩着的,也有醒着的;他所"寄语"的,也是他所期待的,主要是"醒着的"青年。其中有五层意思。第一,不要轻信那些自以为真理在握的假导师。第二,也不必拒绝成年人、老年人,"和他们谈谈是可以的",他们用生命换来的经验,是可以作为借鉴,应该认真吸取的。第三,也是鲁迅最要强调的,是实践和行动。新的价值理想的建立,新的人生目标的确立,都不可能仰赖书斋里的苦思冥想,而必须在实践与行动中不断思考与探索。特别是在历史的转折时期,在没有现成的规范可循,即"没有路"的情况下,人们只有一条出路:自己选一条似乎可走的路,"向着似乎可以生存的地方走",一边摸索,一边不断校正方向,总结经验,最后走出一条路来。正是这几乎一无所有、一无所依的空白地,给实践提供了最好的机会。这是一个"实践出希望"的时代,特别是我们这样一个古老的、曾经停滞不前的民族与国家,只要千千万万普通的人民行动起来,进行探索、创造,就有希望。这就是鲁迅所说的:"希望本是无所谓有，无所谓无的。这正如地上的路，其实地上本没有路，走的人多了，也便成了路。"第四，鲁迅主张有追求、有理想的年轻人，要"寻朋友，联合起来"，依靠集体的力量进行共同的探索和努力。特别是要前进的青年总是处在少数地位，在自己所生活的具体环境里，常常是孤立的。这样，要前进的青年就必须联合起来，组织起来，形成群体的力量，才能完成单独的个人所无法承担的事业，并在这一过程中，相濡以沫，获得精神上的相互理解、支持，摆脱孤独状态。最后，鲁迅又提醒年轻人：你们所要走的探索、追寻之路，将充满艰险，会遇到"深林""旷野"和"沙漠"，会有失败与曲折，但你们同时又要有自信，因为"你们所多的是生力"，可以用自力来克服一切困难，把命运掌握在自己手里。就像鲁迅所说的那样，"能做事的做事，能发声的发声。有一分热，发一分光"，"只是向上走，不必理会这冷笑和暗箭"，"几粒石子，任他们暗地里掷来；几滴秽水，任他们从背后泼来就是了"。

这都是可以作为我们的人生座右铭的。

鲁迅论中国人和社会的改造与发展（语录）*

* 此语录系钱理群和刘国政（原宝钢党委书记）合编，曾在宝钢内部印行，供干部与职工学习。现征得刘国政先生同意，编入本丛书，谨致谢意。

（一）目标篇（上）

首在立人

明哲之士，必洞达世界之大势，权衡校量，去其偏颇，得其神明，施之国中，翕（xī，合）合无间。外之既不后于世界之思潮，内之仍弗失固有之血脉，取今复古，别立新宗。人生意义，致之深邃，则国人之自觉至，个性张，沙聚之邦，由是转为人国。人国既建，乃使雄厉无前，屹然独见（现）于天下。

今敢问号称志士者曰，将以富有为文明欤，则犹太遗黎，性长居积（经营储积），欧人之善贾者（善于做生意的人），莫与比伦，然其民之遭遇何如矣？将以路矿为文明欤，则五十年来非澳二洲，莫不兴铁路矿事，顾此二洲土著之文化何如矣？将以众治为文明欤，则西班牙波陀牙（即葡萄牙）二国，立宪且久，顾其国之情状又何如矣？若曰惟物质为文化之基也，则列机括（武器），陈粮食，遂足以雄长（称雄称霸）天下欤？……然欧美之强，莫不以是炫天下者，则根柢在人，而此特现象之末，本原深而难见，荣华昭而易识也，是故将生存两间，角逐列国是务，其首在立人，人立而凡事举；若其道术（事理方法），乃必尊个性而张精神。假不如是，槁丧（干枯丧失）且不俟（sì，等待）夫一世。夫中国在昔，本尚物质而疾天才矣，先王之泽,日以殄绝，逮蒙外力，乃退然不可自存。……往者为本体自发之偏枯，今则获以交通传来之新疫，二患交伐，而中国之沉沦遂以益速矣。呜呼，眷念方来，亦已焉哉（无可奈何）！

〔今译〕

有志挽救中国的明哲之士，一定要洞察世界大势，权衡比较国外各种学说，扬弃它的偏颇，掌握它的精神实质，然后拿到我国来实行，这样才能达到密切和谐的地步。对外既不落后于世界的思潮,对内又不割断固有的文化传统。取今日进步文化,继古代优秀遗产,另立新的宗旨、目标,使人生获得更加深刻的意义。这样,国民的自觉精神就会兴起,个性也能得到发展,像一盘散沙似的国家,由此就可以转变为一个"人国"。人国建立起来了,就会空前强大,屹然独立在世界之上。

请问那些自称"志士仁人"的先生们,你们要把富裕当作文明吗?那么请看犹太遗民,他们不是擅长积累财富,连欧洲最精明的商人都比不过他们吗?然而今天犹太人的遭遇又怎么样呢?你们要把兴建铁路和开发矿业当作文明吗?那么,请看五十年来非澳两洲,都在兴建铁路、开发矿业,但这两大洲的土著民族的文化又怎样呢?你们要把议会政治当作文明吗?那么,请看西班牙、葡萄牙两个国家,立宪已经很久了,但这两个国家的情况又是怎样呢?……现在欧美国家无不拿这些向全世界的国家炫耀,其实强盛的根底还是在"人",而物质不过是一种表面现象罢了。事物的根底是深隐的,不易觉察;外表的花叶是明显的,容易认识。所以要在天地间争生存,与各国竞胜负,首要的任务就是在于"立人",先把"人"树立起来了,一切事情才好兴办;而"立人"的办法,就一定要尊重个性,发扬人的主观精神。假使不这样做,那么衰败、沦亡,恐怕就等不到几十年以后了。中国过去,本来就崇拜物质而妒忌天才,结果古代帝王治理国家的成果,一天天消耗殆尽,等到遭受外国势力的侵犯,便一败而不能自保了。……从前是我们本身自发的偏颇,现在却是由于交通发达而传来了西方文明的新瘟疫,这两种病患交相侵袭,就加快了中国沉没沦亡的速度。唉,展望将来,我还有什么话可说的呢。

——《文化偏至论》,《鲁迅全集》第1卷。
译文摘自赵瑞蕻:《鲁迅文言论文试译》

生存、温饱、发展：人的三大权利

我们目下的当务之急，是：一要生存，二要温饱，三要发展。苟有阻碍这前途者，无论是古是今，是人是鬼，是三坟五典，百宋千元，天球河图，金人玉佛，祖传丸散，秘制膏丹，全都踏倒他。

——《忽然想到·六》，《鲁迅全集》第3卷

可是还得附加几句话以免误解，就是：我之所谓生存，并不是苟活；所谓温饱，并不是奢侈；所谓发展，也不是放纵。

——《北京通信》，《鲁迅全集》第3卷

走出奴隶时代

实际上，中国人向来就没有争到过"人"的价格，至多不过是奴隶，……然而下于奴隶的时候，却是数见不鲜的。……这时候，百姓就希望来一个另外的主子，较为顾及他们的奴隶规则的，无论仍旧，或者新颁，

总之是有一种规则，使他们可上奴隶的轨道。

任凭你爱排场的学者们怎样铺张，修史时候设些什么"汉族发祥时代""汉族发达时代""汉族中兴时代"的好题目，好意诚然是可感的，但措辞太绕湾子了。有更其直捷了当的说法在这里——
一，想做奴隶而不得的时代；
二，暂时做稳了奴隶的时代。
这一种循环，也就是"先儒"之所谓"一治一乱"。

自然，也不满于现在的，但是，无须反顾，因为前面还有道路在。而创造这中国历史上未曾有过的第三样时代，则是现在的青年的使命！

——《灯下漫笔》，《鲁迅全集》第1卷

幸福的度日，合理的做人

我们追悼了过去的人，还要发愿：要自己和别人，都纯洁聪明勇猛向上。除去虚伪的脸谱。要除去世上害人害己的昏迷和强暴。

我们追悼了过去的人,还要发愿:要除去于人生毫无意义的苦痛。要除去制造并赏玩别人苦痛的昏迷和强暴。

我们还要发愿:要人类都受正当的幸福。

——《我之节烈观》,《鲁迅全集》第 1 卷

此后幸福的度日,合理的做人。

——《我们现在怎样做父亲》,《鲁迅全集》第 1 卷

簇新的社会制度

……一个簇新的,真正空前的社会制度从地狱底里涌现而出,几万万的群众自己做了支配自己命运的人。

——《林克多〈苏联闻见录〉序》,《鲁迅全集》第 4 卷

我们的古人又造出了一种难到可怕的一块一块的文字;……许多人却不能借此说话了,加以古训所筑成的高墙,更使他们连想也不敢想。现在我们所能听到的不过是几个圣人之徒的意见和道理,为了他们自己;

至于百姓，却就默默的生长，萎黄，枯死了，像压在大石底下的草一样，已经有四千年！

……在将来，围在高墙里面的一切人众，该会自己觉醒，走出，都来开口的罢。

——《俄文译本〈阿Q正传〉序》，《鲁迅全集》第7卷

惟有民魂是值得宝贵的，惟有他发扬起来，中国才有真进步。

——《学界的三魂》，《鲁迅全集》第3卷

只是原先是憎恶这熟识的本阶级，毫不可惜它的溃灭，后来又由于事实的教训，以为惟新兴的无产者才有将来，却是的确的。

——《〈二心集〉序言》，《鲁迅全集》第4卷

无产者文学是为了以自己们之力，来解放本阶级并及一切阶级而斗争的一翼。

——《"硬译"与"文学的阶级性"》，《鲁迅全集》第4卷

（二）目标篇（下）

理想的人性

鲁迅在弘文学院的时候，常常和我讨论下列三个相关的大问题——

一、怎样才是最理想的人性？

二、中国国民性中最缺乏的是什么？

三、它的病根何在？

他对这三大问题的研究，毕生孜孜不懈，后来所以毅然决然放弃学医而从事于文艺运动，其目标之一，就是想解决这些问题。他知道即使不能骤然得到全部解决，也求于逐渐解决上有所贡献。因之，办杂志，译小说，主旨重在此；后半生的创作数百万言，主旨也重在此。

——鲁迅老友许寿裳:《亡友鲁迅印象记》

自他两利

1. 人各有己,群之大觉近矣

聚今人之所张主,理而察之,假名之曰类,则其为类之大较二:一曰汝其为国民,一曰汝其为世界人。前者慑以不如是则亡中国,后者慑以不如是则畔文明。寻其立意,虽都无条贯主的,而皆灭人之自我,使之混然不敢自别异,泯于大群,如掩诸色以晦黑……以独制众者古,而众或反离,以众虐独者今,而不许其抵拒,众昌言自由,而自由之蕉萃孤虚实莫甚焉。人丧其我矣,谁则呼之兴起?

(今译)

我们把现代人的种种主张,用分类的方法来分析并考察一下,可分为两大类:一类是说你应当做一个国民,一类说你应当做一个世界人。主张前一说法的人会恐吓你,不这样中国就要灭亡,主张后一说法的人又会恐吓你说,不这样你就背叛了人类的文明。寻求这些说法的用意,虽然都没有什么条理和主要目的,却都是要消灭人们的自我,使大家浑浑噩噩不敢标新立异,把"自我"淹没在"大群"之中,像用黑色来掩盖其他颜色一样……古代是独夫统治众人,而众人可以反抗,现代以众人虐待个人,还不许个人抗拒。众人都在扬言自由,而自由含义的曲解和空虚实在是前所未有的。人们都已经丧失了自我,谁来唤醒大家发愤振作呢?

——《破恶声论》,《鲁迅全集》第8卷。
译文选自赵瑞蕻《鲁迅文言论文试译》

个人一语,入中国未三四年,号称识时之士,多引以为大诟,苟被其谥(shì,死后给予的称号),与民贼同。意者未遑深知明察,而迷误为害人利己之义也欤?夷考其实,至不然矣。……盖自法朗西大革命以来,平等自由,为凡事首,……渐悟人类之尊严;既知自我,则顿识个性之价值;加以往之习惯坠地,崇信荡摇,则其自觉之精神,自一转而之极端之主我。且社会民主之倾向,势亦大张,凡个人者,即社会之一分子,夷隆实陷,是为指归,使天下人人归于一致,社会之内,荡无高卑。此其为理想诚美矣,顾于个人殊特之性,视之蔑如,既不加之别分,且欲致之灭绝。……盖所谓平社会者,大都夷峻而不堙卑,若信至程度大同,必在此进步水平以下。

(今译)

"个人"这个词,输入中国还不到三四年光景,那些号称识时务的名流学者,多把引用这个词当作奇耻大辱,假使一被讥为"个人",就像被呼为"民贼"一样。我想,这或许是因为他们未能深入研究和细心考察,便误信"个人"一词是损人利己的意思吧。然而平心考察一下,实质上完全不是那么一回事。

从法国大革命以来,平等、自由的思想已成为一切事情的主导,人们逐渐领悟人类的尊严,认识了自我,就迅速认识个性的价值,加以旧习惯势力业已衰落，旧的信仰已经动摇，因此人们自觉的精神，自然就一转而变成极端的自我了。再说当时社会民主的倾向，影响也扩大了。一切个人，都是社会的一分子。平高填低，正是当时追求的目标，使普天之下人人都达到平等一致，经过涤荡、改革，社会再也没有什么高低贵贱之分了。这作为一种理想，美是很美的，但是对于个人不同的特点，竟然不加考虑，既不加以区别对待，甚至还想把它消灭。当时所谓社会平等，多是指削平出类拔萃的人，而不是提高程度较低的人。如果真的达到完全一样的程度，那么社会必然后退到以前的进步水平之下去了。

——《文化偏至论》，《鲁迅全集》第1卷。
译文选自赵瑞蕻《鲁迅文言论文试译》

盖惟声发自心，朕归于我，而人始自有己；人各有己，而群之大觉近矣。

（今译）

只有声音发自内心，自己主宰自己，然后人们才会感觉到自我的存在；人都感觉到自我的存在，那么，人群就接近彻底的觉悟了。

烛幽暗以天光，发国人之内曜，人各有己，不随风波，而中国亦以立。

（今译）

以光明照亮黑暗，焕发国民内心的光辉，人各自把握住自己，不随波逐流，中国就可以真正站起来了。

——《破恶声论》，《鲁迅全集》第8卷。
译文选自赵瑞蕻《鲁迅文言论文试译》

我是我自己的，他们谁也没有干涉我的权利！

——《伤逝》，《鲁迅全集》第2卷

2. 无数的人们都和我有关

（有些年轻作者）所感觉的范围却颇为狭窄，不免咀嚼着身边的小小的悲欢,而且就看这小悲欢为全世界。

——《〈中国新文学大系〉小说二集序》,《鲁迅全集》第6卷

无穷的远方,无数的人们,都和我有关。我存在着,我在生活,我将生活下去……

——《"这也是生活"……》,《鲁迅全集》第6卷

……博大的诗人(总是)感得全人间世,而同时又领会天国之极乐和地狱之大苦恼……

——《诗歌之敌》,《鲁迅全集》第7卷

至于"看见别个被捉去被杀的事,在我,是比自己被杀更苦恼",则便是我们在俄国作家的作品中常能遇到的,那边的伟大的精神。

——《〈鱼的悲哀〉译者附记》,《鲁迅全集》第10卷

3. 自他两利的道德观

道德这事,必须普遍,人人应做,人人能行,又于自他两利,才有存在的价值。

——《我之节烈观》,《鲁迅全集》第1卷

无论何国何人，大都承认"爱己"是一件应当的事。这便是保存生命的要义，也就是继续生命的根基……

……但父母的责任还没有完，因为生命虽然继续了，却是停顿不得，所以还必须教这新生命去发展……

……觉醒的父母，完全应该是义务的，利他的，牺牲的。

——《我们现在怎样做父亲》，《鲁迅全集》第1卷

自己就至今未能牺牲小我，……（又）一切稍为大家着想，为将来着想。

——《致杨霁云（1934年4月24日）》，《鲁迅全集》第13卷

致人性于全

1. 经济是最要紧的

梦是好的；否则，钱是要紧的。

钱这个字很难听，或者要被高尚的君子们所非笑，但我总觉得人们的议论是不但昨天和今天，即使饭前

和饭后，也往往有些差别。凡承认饭需钱买，而以说钱为卑鄙者，倘能按一按他的胃，那里面怕总还有鱼肉没有消化完，须得饿他一天之后，再来听他发议论。

所以为娜拉计，钱，——高雅的说罢，就是经济，是最要紧的了。自由固不是钱所能买到的，但能够为钱而卖掉。

——《娜拉走后怎样》，《鲁迅全集》第1卷

2. 人的本能欲望并非罪恶，并非不净

既是生物，第一要紧的自然是生命。……食欲是保存自己，保存现在生命的事；性欲是保存后裔，保存永久生命的事。饮食并非罪恶，并非不净；性交也就并非罪恶，并非不净。

——《我们现在怎样做父亲》，《鲁迅全集》第1卷

3. 物质能尽人生之本吗？

物质果足尽人生之本也耶？

纵令物质文明，即现实生活之大本，而崇奉逾度，倾斜趋偏，外此诸端，悉弃置而不顾，则按其究竟，必将缘偏颇之恶因，失文明之神旨，先以消耗，终以

灭亡，历世精神，不百年而具尽矣。递夫十九世纪后叶，而其弊果益昭，诸凡事物，无不质化，灵明日以亏蚀，旨趣流于平庸，人惟客观之物质世界是趋，而主观之内面精神，乃舍置不之一省。重其外，放其内，取其质，遗其神，林林众生，物欲来蔽，社会憔悴，进步以停，于是一切诈伪罪恶，蔑弗乘之而萌，使性灵之光，愈益就于暗淡：十九世纪文明一面之通弊，盖如此矣。

（今译）

物质果真能够满足人生的根本需要吗？

即使物质文明，是现实生活的根本，可是崇尚过度，就会出现偏差，其他方面如果一概抛弃而不管，到了后来，势必因种下偏颇的恶因，而丧失文明的精神实质，起初是渐渐消耗，直到最后招致灭亡，于是世代积累起来的精神财富，不到一百年的时间就统统完结了。到了十九世纪后叶，这种弊病果然更加暴露，一切的事物都物质化了，人的思想受到侵蚀，精神日见空虚，意志和情感变得庸俗不堪,人们只是一心向往客观的物质世界,而把自己主观的内在精神,全然抛在一边,不加审察。只注意外在的物质,却抛弃内在的精神;只一味追求物质,却遗弃了人的精神,芸芸众生都被物欲蒙蔽,社会日趋衰退,进步因而停止,于是一切奸诈虚伪的罪恶行为,无不乘机滋生,这样就使人们的精神的光辉愈来愈暗淡:十九世纪文明的一个方面的通病,就是这个样子。

——《文化偏至论》,《鲁迅全集》第1卷。
译文选自赵瑞蕻《鲁迅文言论文试译》。

4. 精神现象实人类生活之极巅

……去现实物质与自然之樊,以就其本有心灵之域;知精神现象实人类生活之极巅,非发挥其辉光,于人生为无当;而张大个人之人格,又人生之第一义也。……必知感两性,圆满无间,然后谓之全人。

(今译)

人应该力求挣脱物质和大自然的樊笼,进入自我精神之领域;要知道精神现象是人类生活的最高境界，不发挥精神的光辉，对于人生是无益的；而张大个人的人格，又是人生的首要意义。必须理智和情感两方面圆满无缺，然后才能称为完美的人。

——《文化偏至论》，《鲁迅全集》第1卷。
译文选自赵瑞蕻《鲁迅文言论文试译》。

5. 科学乃人性之光

盖科学者，以其知识，历探自然见（现）象之深微，久而得效，改革遂及于社会，继复流衍，来溅远东，浸及震旦，而洪流所向，则尚浩荡而未有止也。

（今译）

科学是用知识普遍探讨自然现象的奥秘，久而获得效果，便把这运用到改革社会各方面，然后不断扩展开去，波及远东，影响中国。这股洪流的发展趋势，现在仍然浩荡前进，没有止境。

——《科学史教篇》，《鲁迅全集》第1卷。
译文选自赵瑞蕻《鲁迅文言论文试译》。

科学者，神圣之光，照世界者也，可以遏末流而生感动。时泰,则为人性之光;时危,则由其灵感,生整理者如加尔诺,生强者强于拿破仑之战将云。

(今译)

科学是神圣之光,它照耀着全球,能够力挽颓波,鼓舞人心。世界太平时,它以人性之光为人类造福;时局危急时,就会由于它的奇异的力量的感召,产生出那些整顿时局的人物如加尔诺(通译卡尔诺,法国数学家,政治家),产生那些比拿破仑的战将还要强有力的人物。

——《科学史教篇》,《鲁迅全集》第1卷。
译文选自赵瑞蕻《鲁迅文言论文试译》。

盖科学发见,常受超科学之力,易语以释之,亦可曰非科学的理想之感动。……英之赫胥黎,则谓发见本于圣觉,不与人之能力相关;如是圣觉,即名曰真理发见者。……故科学者,必常恬淡,常逊让,有理想,有圣觉,一切无有,而能贻业绩于后世者,未之有闻。……治科学之桀士,……仅以知真理为惟一之仪的，扩脑海之波澜，扫学区之荒秽，因举其身心时力，日探自然之大法而已。

（今译）

科学上的发明创造，常常受一种超科学之力的鞭策，换句话说，就是受一种非科学的理想的感召和推动。英国的赫胥黎说，发明创造来源于科学家的直觉，与人的能力的大小是不相关的；这个直觉，就可以叫作"真理的发现者"。那些从事科学研究的杰出者，他们仅仅把探求真理作为自己唯一的目的，极力扩展自己脑海的思想波澜，以扫除学术领域内一切荒芜与污秽的现象，因而竭尽自己整个身心，整个生命，天天用来探索自然界的重大法则而已。

——《科学史教篇》，《鲁迅全集》第1卷。
译文选自赵瑞蕻《鲁迅文言论文试译》

6. 警惕科学崇拜

当防社会人于偏，日趋而之一极，精神渐失，则破灭亦随之。盖使举世惟知识之崇，人生必大归于枯寂，如是既久，则美上之感情漓，明敏之思想失，所谓科学，亦同趋于无有矣。

（今译）

应当防止社会走入偏向，一天天走向一个极端，结果就会渐渐失去根本精神，而破灭也会随之而来。假使全世界以知识为唯一崇拜者，则人类的生活最后必然变得死气沉沉，枯燥无味。这样长久下去，美好高尚的感情就会淡薄，敏锐的思想也要丧失了，而所谓科学也要同归于尽。

——《科学史教篇》，《鲁迅全集》第1卷。
译文选自赵瑞蕻《鲁迅文言论文试译》。

7. 致人性于全

故人群所当希冀要求者，不惟奈端已也，亦希诗人如狭斯丕尔；不惟波尔，亦希画师如洛菲罗；既有康德，亦必有乐人如培得呵芬；既有达尔文，亦必有文人如嘉来勒。凡此者，皆所以致人性于全，不使之偏倚，因以见今日之文明者也。

（今译）

人们所应当希望应当要求的，不仅要有物理学家牛顿而已，也希望有诗人如莎士比亚；不仅要有物理学家和化学家波义耳，也希望有画家如拉斐尔；不仅有康德，也必须有音乐家贝多芬；既要有生物学家达尔文，也必须有著作家如卡莱尔。所有这些，都是为了使人性能够达到全面发展，不让它有所偏颇，这样才能实现今天的世界文明。

——《科学史教篇》，《鲁迅全集》第1卷。
译文选自赵瑞蕻《鲁迅文言论文试译》。

人非信无以立

1. 人非信无以立

夫人在两间，若知识混沌，思虑简陋，斯无论已；倘其不安物质生活，则必有形上之需求。故吠陀（印度）之民，见夫凄风烈雨，黑云如盘，奔电时作，则以为因陁罗（雷神）与敌斗，为之栗然生虔敬念，希伯来之民，大观天然，怀不思议，则神来之事与接神之术兴，后之宗教，即以萌蘖。虽中国志士谓之迷，而吾则谓此乃向上之民,欲离是有限相对之现世,以趣(趋)无限绝对之至上者也。人心必有所冯(凭)依,非信无以立,宗教之作,不可已矣。

(今译)

人生存于天地之间,若是无知无识,混混沌沌,思想简单,那就不用说了;要是不满足于物质生活,必然会有精神上的要求。所以古印度人一见凄风烈雨,黑云密布,电光闪闪,就以为是雷神在同敌人战斗,因而十分惧怕而产生虔敬的念头。古代希伯来人,感到大自然的现象不可思议,神灵下凡之事和迎接神灵的法术就产生了,后来的宗教就由此萌芽。尽管我国的志士们认为这些都是迷信,可是我却认为,这是那些要求向上的人民,想要脱离这有限的相对的现实世界,而走向无限的绝对的至高无上境界的表现。心灵是必须有所寄托的,没有信仰,人就不能立身,所以宗教的兴起,是谁也不能阻止的。

——《破恶声论》,《鲁迅全集》第8卷。
译文选自赵瑞蕻《鲁迅文言论文试译》。

2. 伪士当去，迷信可存

盖浇季（衰败）士夫，精神窒塞，惟肤薄之功利是尚，躯壳虽存，灵觉且失。于是昧人生有趣（趋）神閟之事，天物罗列，不关其心，自惟为稻粱折腰；则执己律人，以他人有信仰为大怪，举丧师辱国之罪，悉以归之，造作訾言，必尽颠其影依乃快。不悟墟社稷毁家庙者，征之历史，正多无信仰之士人，而乡曲小民无与。伪士当去，迷信可存，今日之急也。

〔今译〕

大概在国家衰败时代的知识分子，由于精神闭塞，只贪图肤浅的功利，他们的躯壳虽然存在，却已失去灵性。因此就不懂得人生还有归趋神秘这件事情，自然界虽然罗列于前，他们也毫不关心，而只顾卑躬屈节地去追求利禄；他们又以自己的心意来衡量别人，而把别人之有信仰当作大怪事，于是把军事失利和丧权辱国的罪名，也都一齐归到别人身上，甚至制造种种谬论，一定要推翻别人的信仰才痛快。可是他们不想一想那些颠覆国家、毁坏宗庙的人,从历史上找证据,多半是那些没有信仰的读书人,这同乡下老百姓倒毫不相干。因此,"伪士"应当摒弃,"迷信"倒该保存:这正是当务之急。

——《破恶声论》,《鲁迅全集》第8卷。
译文选自赵瑞蕻《鲁迅文言论文试译》,个别字句有变动。

3. 革新者心里有理想的光

无破坏即无新建设,大致是的;但有破坏却未必即有新建设。

凡这一种盗寇式的破坏,结果只能留下一片瓦砾,与建设无关。

这一种奴才式的破坏(按:指普通百姓"仅因目前极小的自利",对公共财物的破坏),结果也只能留下一片瓦砾,与建设无关。

我们要革新的破坏者,因为他内心有理想的光。

——《再论雷峰塔的倒掉》,《鲁迅全集》第1卷

4. 警惕"做戏的虚无党"

看看中国的一些人,至少是上等人,他们的对于

神，宗教，传统的权威，是"信"和"从"呢，还是"怕"和"利用"？只要看看他们的善于变化，毫无特操，是什么也不信从的，但总要摆出和内心两样的架子来。……虽然这么想，却是那么说，在后台这么做，到前台又那么做……将这种特别人物，（不妨）另称为"做戏的虚无党"……

——《马上支日记》，《鲁迅全集》第3卷

但我们日日所见的文章，却不能这么简单。有明说要做，其实不做的；有明说不做，其实要做的；有明说做这样，其实做那样的；有其实自己要这么做，倒说别人要这么做的；有一声不响，而其实倒是做了的。

——《推背图》，《鲁迅全集》第5卷

5. 主张的变化无线索可寻，可称之为流氓

无论古今凡是没有一定的理论，或主张的变化并无线索可寻，而随时拿了各种各派的理论来作武器的人，都可以称之为流氓。例如上海的流氓，看见一男一女的乡下人在走路，他就说，"喂，你们这样子，有伤风化，你们犯了法了！"他用的是中国法。倘看见

一个乡下人在路旁小便呢,他就说,"喂,这是不准的,你犯了法,该捉到捕房去!"这时他用的又是外国法。但结果是无所谓法不法,只要被他敲去了几个钱就都完事。

——《上海文艺之一瞥》,《鲁迅全集》第 4 卷

真的猛士

1. 敢于正视,大胆看取人生

真的猛士,敢于直面惨淡的人生,敢于正视淋漓的鲜血。这是怎样的哀痛者和幸福者。

——《记念刘和珍君》,《鲁迅全集》第 3 卷

中国的文人,对于人生,——至少是对于社会现象,向来就多没有正视的勇气。我们的圣贤,本来早已教人"非礼勿视"的了;而这"礼"又非常之严,不但"正视",连"平视""斜视"也不许。……一到快要显露缺陷的危机一发之际,他们总即刻连说"并无其事",同时便闭上了眼睛。这闭着的眼睛便看见一切圆满,……于是无问题,无缺陷,无不平,也就无解

决,无改革,无反抗。因为凡事总要"团圆",正无须我们焦躁;放心喝茶,睡觉大吉。

——《论睁了眼看》,《鲁迅全集》第1卷

世界日日改变,我们的作家取下假面,真诚地,深入地,大胆地看取人生并且写出他的血和肉的时候早到了;早就应该有一片崭新的文场,早就应该有几个凶猛的闯将!

——《论睁了眼看》,《鲁迅全集》第1卷

2. 发出较真的声音

青年们先可以将中国变成一个有声的中国。大胆地说话,勇敢地进行,忘掉了一切利害,推开了古人,将自己的真心话发表出来。——真,自然是不容易的。譬如态度,就不容易真,讲演时候就不是我的真态度,因为我对朋友,孩子说话时候的态度是不这样的。——但总可以说些较真的话,发些较真的声音。只有真的声音,才能感动中国的人和世界的人;必须有了真的声音,才能和世界的人同在世界上生活。

——《三闲集·无声的中国》,《鲁迅全集》第4卷知识阶级将怎么样呢？还是在指挥刀下听令行动，还是发表倾向民众的思想呢？要是发表意见，就要想到什么就说什么。真的知识阶级是不顾利害的，如想到种种利害，就是假的，冒充的知识阶级。

——《关于知识阶级》，《鲁迅全集》第 8 卷

3. 瞒和骗的大泽

中国的文人也一样，万事闭眼睛，聊以自欺，而且欺人，那方法是：瞒和骗。

中国人的不敢正视各方面，用瞒和骗，造出奇妙的逃路来，而自以为正路。在这路上，就证明着国民性的怯弱，懒惰，而又巧滑。一天一天的满足着，即一天天的堕落着，但又觉得日见其光荣。……更令中国人更深地陷入瞒和骗的大泽中，甚而至于已经自己不觉得。

——《论睁了眼看》，《鲁迅全集》第 1 卷

4. 宣传和做戏

就是那刚刚说过的日本人，他们做文章论及中国的国民性的时候，内中往往有一条叫作"善于宣

传"。看他的说明,这"宣传"两字又不像是平常的"propaganda",而是"对外说谎"的意思。

不过,这些究竟还有一点影子;究竟还有几个学堂,几个博士,几个模范监狱,几个通电,几套军装。所以说是"说谎",是不对的。这就是我之所谓"做戏"。

但这普遍的做戏,却比真的做戏还要坏。真的做戏,是只有一时;戏子做完戏,也就恢复为平常状态的。

——《宣传与做戏》,《鲁迅全集》第4卷

诚与爱

1. 灌输诚爱二字,甚当

我们觉得我们民族最缺乏的东西是诚和爱。——换句话说:便是深中了诈伪无耻和猜疑相贼的毛病。口号只管很好听,标语和宣言只管很好看,书本上只管说得冠冕堂皇,天花乱坠,但按之实际,却完全不是这回事。

——许寿裳:《回忆鲁迅》

来论谓当灌输诚爱二字,甚当;第其法则难,思之至今,乃无可报。

——《鲁迅致许寿裳(1918年1月4日)》,《鲁迅全集》第11卷

2. 以离绝了交换关系、利害关系的天性的爱为纲

自然界的安排……给与生物以一种天性,我们称他为"爱"。动物界中除了生子的数目太多——爱不周到的如鱼类之外,总是挚爱他的幼子,不但绝无利益心情,甚或至于牺牲了自己,让他的将来的生命,去上那发展的长途。

……便在中国,只要心思纯白,未曾经过"圣人之徒"作践的人,也都自然而然的能发现这一种天性,例如一个村妇哺乳婴儿的时候,决不会想到自己正在施恩;一个农夫娶妻的时候,也决不以为将来要放债。只是有了子女,即天然相爱,愿他生存;更进一步的,便还要他比自己更好,就是进化。这离绝了交换关系利害关系的爱,便是人伦的索子,便是所谓"纲"。倘如旧说,抹杀了"爱",一味说"恩",又因此责望报偿,那便不但败坏了父子间的道德,而且也大反于做父母的实际的真情,播下乖剌的种子。……

所以我现在心以为然的，便只是"爱"。

——《我们现在怎样做父亲》，《鲁迅全集》第1卷

3. "幼者本位"的父母之爱

后起的生命，总比以前的更有意义，更近完全，因此也更有价值，更可宝贵；前者的生命，应该牺牲于他。

但可惜的是中国的旧见解，又恰恰与这道理相反。本位应在幼者，却反在长者……此后觉醒的人，应该先洗净了东方古传的谬误思想，对于子女，义务思想须加多，而权利思想却大可切实核减，以准备改作幼者本位的道德，况且幼者受了权利，也并非永久占有，将来还要对于他们的幼者，仍尽义务。只是前前后后，都做一切过付的经手人罢了。

（父母对于子女）开宗第一，便是理解。往昔的欧人对于孩子的误解，是以为成人的预备；中国人的误解，是以为缩小的成人。直到近来，经过许多学者的研究，才知道孩子的世界，与成人截然不同；倘不先行理解，一味蛮做，使大碍于孩子的发达。所以一切

设施,都应该以孩子为本位。……第二,便是指导。时势既有改变,生活也必须进化;所以后起的人物,一定尤异于前,决不能用同一模型,无理嵌定。长者须是指导者协商者,却不该是命令者。不但不该责幼者供奉自己;而且还须用全副精神,专为他们自己,养成他们有耐劳作的体力,纯洁高尚的道德,广博自由能容纳新潮流的精神,也就是能够在世界新潮中游泳,不被淹没的力量。第三,便是解放。子女是即我非我的人,但既已分立,也便是人类中的人。因为即我,所以更应该尽教育的义务,交给他们自立的能力;因为非我,所以也应同时解放,全部为他们自己所有,成一个独立的人。

这样,便是父母对于子女,应该健全的产生,尽力的教育,完全的解放。

——《我们现在怎样做父亲》,《鲁迅全集》第 1 卷

4. 用无我的爱牺牲于后起新人

所以觉醒的人,此后应将这天性的爱,更加扩张,更加醇化;用无我的爱,自己牺牲于后起新人。

——《我们现在怎样做父亲》,《鲁迅全集》第 1 卷

中国觉醒的人，为想随顺长者解放幼者，便须一面清洁旧账，一面开辟新路。就是开首所说的"自己背着因袭的重担，肩住了黑暗的闸门，放他们到宽阔光明的地方去；此后幸福的度日，合理的做人"。这是一件极伟大的要紧的事，也是一件极困苦艰难的事。

——《我们现在怎样做父亲》，《鲁迅全集》第1卷

5."弱者本位"的爱，关心平民的疾苦

我现在心以为然的道理，极其简单。便是依据生物界的现象，一、要保存生命；二、要延续这生命；三、要发展这生命（就是进化）……

……以幼者弱者为本位，便是最合于这生物学的真理的办法。

——《我们现在怎样做父亲》，《鲁迅全集》第1卷

这是一切"被侮辱的和被损害的"的母亲……这类母亲，在中国的指甲还未染红的乡下，也常有的，然而人往往嗤笑她，说做母亲的只爱不中用的儿子。但我想，她是也爱中用的儿子的，只因为既然强壮而有能力，她便放了心，去注意"被侮辱的和被损害的"

孩子去了。

——《写于深夜里》,《鲁迅全集》第6卷

（真的知识阶级）他确能替民众抱不平，把平民的苦痛告诉大众。他为什么能把民众的苦痛说出来？因为他与平民接近，或自身就是平民。

——《关于知识阶级》,《鲁迅全集》第8卷

由历史所指示，凡有改革，最初，总是觉悟的智识者的任务。但这些智识者，却必须有研究，能思索，有决断，而且有毅力。他也用权，却不是骗人，他利导，却并非迎合。他不看轻自己，以为是大家的戏子，也不看轻别人，当作自己的喽啰。他只是大众中的一个人，我想，这才可以做大众的事业。

——《门外文谈》,《鲁迅全集》第6卷

6. 生命被毁得太滥了

夜半在灯下坐着想，那两条小性命，竟是人不知鬼不觉的早在不知什么时候丧失了，生物史上不着一些痕迹，并S也不叫一声。（按：指家里两只小兔子被

猫所吞食，S是家里的狗）我于是记起旧事来。先前我住在会馆里，清早起身，只见大槐树下一片散乱的鸽子毛，这明明是膏于鹰吻的了，上午长班（按：会馆里的用人）来一打扫，便什么都不见，谁知道曾有一个生命断送在这里呢？我又曾路过西四牌楼，看见一匹小狗被马车轧得快死，待回来时，什么也不见了，搬掉了罢，过往行人憧憧的走着，谁知道曾有一个生命断送在这里呢？夏夜，窗外面，常听到苍蝇的悠长的吱吱的叫声，这一定是给蝇虎咬住了，然而我向来无所容心于其间，而别人并且不听到……

假使造物也可以责备，那么，我以为他实在将生命造得太滥，毁得太滥了。

——《兔和猫》，《鲁迅全集》第1卷

7. 叫出没有爱的悲哀

我们还要叫出没有爱的悲哀，叫出无所可爱的悲哀。

——《随感录·四十》，《鲁迅全集》第1卷

(三)道路篇

改革之路

1. 唯一的救济方法是革新

(在讨论了中国民族性的弱点及其根源以后,我们认为)唯一的救济方法是革命。

——许寿裳:《回忆鲁迅》

"革命"这两个字,在这里不知道可害怕,有些对方是一听到就害怕的。但这和文学两字连起来的"革命",却没有法国革命的"革命"那么可怕,不过是革新,改换一个字,就很平和了,我们就称为"文学革新"罢。

——《无声的中国》,《鲁迅全集》第4卷

2. 中国改变之不可缓

总之：读史，就愈可以觉悟中国改革之不可缓了。虽是国民性，要改革也得改革，否则，杂史杂说上所写的就是前车。

——《这个和那个》，《鲁迅全集》第3卷

倘使不改现状，反能兴旺，能得真实自由的幸福生活，那就是做野蛮也很好。——但可有人敢答应说"是"么？

——《随感录·三十八》，《鲁迅全集》第1卷

无论如何，不革新，是生存也为难的，而况保古。现况就是铁证，比保古家的万言书有力得多。

——《忽然想到·六》，《鲁迅全集》第3卷

古训所教的就是这样的生活法，教人不要动。不动，失错当然就比较少了，但不活的岩石泥沙，失错不是更少么？我以为人类为向上，即发展起见，应该活动，活动而有若干失错，也不要紧。惟独半死半生的苟活，是全盘失错的。因为他挂了生活的招牌，其

实却引人到死路上去!

——《北京通信》,《鲁迅全集》第3卷

3. 倘不彻底改革,就要从"世界人"中挤出

现在许多人有大恐惧;我也有大恐惧。

许多人所怕的,是"中国人"这名目要消灭;我所怕的,是中国人要从"世界人"中挤出。

但是想在现今的世界上,协同生长,挣一地位,即须有相当的进步的智识,道德,品格,思想,才能够站得住脚:这事极须劳力费心。而"国粹"多的国民,尤为劳力费心。因为他的"粹"太多。粹太多,便太特别,便难与种种人协同生长,挣得地位。

有人说:"我们要特别生长;不然,何以为中国人!"

于是乎要从"世界人"中挤出。

于是乎中国人失了世界,却暂时仍要在世界上住!——这便是我的大恐惧。

——《随感录·三十六》,《鲁迅全集》第1卷

我们似乎依然是"睡狮"。

但倘说,二十世纪的舞台上没有我们的份,是不

合理的。

——《黄祸》,《鲁迅全集》第5卷

中国倘不彻底地改革,运命还是日本长久,这是我所相信的;并以为旧家子弟而衰落,灭亡,并不比为新发户而生存,发达者更光彩。

——《〈出了象牙之塔〉后记》,《鲁迅全集》第10卷

4. 不满是向上的车轮,永远需要改革

不满是向上的车轮,能够载着不自满的人类,向人道前进。

多有不自满的人的种族,永远前进,永远有希望。

多有只知责人不知反省的种族,祸哉祸哉!

——《随感录·六十一 不满》,《鲁迅全集》第1卷

他们(真的知识阶级)对于社会永不会满意的,所感受的永远是痛苦,所看到的永远是缺点,他们准备着将来的牺牲,社会也因为有了他们而热闹,不过他的本身——心身方面总是苦痛的。

——《关于知识阶级》,《鲁迅全集》第8卷

中山先生的一生历史具在,站出世间来就是革命,失败了还是革命;中华民国成立之后,也没有满足过,没有安逸过,仍然继续着进向近于完全的革命的工作。直到临终之际,他说道:革命尚未成功,同志仍须努力!

他是一个全体,永远的革命者。

——《中山先生逝世后一周年》,《鲁迅全集》第7卷

这平静的空气,必须为革命的精神所弥漫;这精神则如日光,永永放射,无远弗到。

否则,革命的后方便成为懒人享福的地方。

——《中山大学开学致语》,《鲁迅全集》第8卷

5.最要紧的是改革国民性

此后最要紧的是改革国民性,否则,无论是专制,是共和,是什么什么,招牌虽换,货色照旧,全不行的。

——《致许广平(1925年3月31日)》,《鲁迅全集》第11卷

真实的革命者,自有独到的见解,例如乌略诺夫先生,他是将"风俗"和"习惯",都包括在"文化"之内的,并且以为改革这些,很为困难。我想,倘

不将这些改革,则这革命即等于无成,如沙上建塔,顷刻倒坏。

倘不深入民众的大层中,于他们的风俗习惯,加以研究,解剖,分别好坏,立存废的标准,而于存于废,都慎选施行的方法,则无论怎样的改革,都将为习惯的岩石所压碎,或者只在表面上浮游一些时。

——《习惯与改革》,《鲁迅全集》第4卷

6. 必须先改造了自己

中国现在的人心中,不平和愤恨的分子太多了。不平还是改造的引线,但必须先改造了自己,再改造社会,改造世界;万不可单是不平。至于愤恨,却几乎全无用处。

愤恨只是恨恨而死的根苗,古人有过许多,我们不要踏他们的覆辙。

——《随感录·六十二 恨恨而死》,《鲁迅全集》第1卷

我知道我自己,我解剖自己并不比解剖别人留情面。

——《答有恒先生》,《鲁迅全集》第3卷

动植之间，无脊椎和脊椎动物之间，都有中间物；或者简直可以说，在进化的链子上，一切都是中间物。当开首改革文章的时候，有几个不三不四的作者，是当然的，只能这样，也需要这样。他的任务，是在有些警觉之后，喊出一种新声；又因为从旧垒中来，情形看得较为分明，反戈一击，易制强敌的死命。但仍应该和光阴偕逝，逐渐消亡，至多不过是桥梁中的一木一石，并非什么前途的目标，范本。

——《写在〈坟〉后面》，《鲁迅全集》第 1 卷

7. 中国太难改革了

可惜中国太难改变了，即使搬动一张桌子，改装一个火炉，几乎也要血；而且即使有了血，也未必一定能搬动，能改装。不是很大的鞭子打在背上，中国自己是不肯动弹的。我想这鞭子总要来，好坏是别一问题，然而总要打到的。但是从哪里来，怎么地来，我也是不能确切地知道。

——《娜拉走后怎样》，《鲁迅全集》第 1 卷

8. 改革的动力和阻力

曾经阔气的要复古,正在阔气的要保持现状,未曾阔气的要革新。

大抵如是。大抵!

——《小杂感》,《鲁迅全集》第3卷

9. 无物之阵

他走进无物之阵,所遇见的都对他一式点头。他知道这点头就是敌人的武器,……许多战士都在此灭亡,正如炮弹一般,使猛士无所用其力。

——《这样的战士》,《鲁迅全集》第2卷

中国各处是壁,然而无形,像"鬼打墙"一般,使你随时能"碰"。

——《"碰壁"之后》,《鲁迅全集》第3卷

如果"叛徒"们造成战线而能遇到敌人,中国的情形早已不至于如此,因为现在所遇见的并无敌人,只有暗箭罢了。所以想有战线,必须先有敌人,这事情恐怕还辽远得很,若现在……大概连是友是仇也不

大容易分辨清楚的。

——《通信》,《鲁迅全集》第7卷

体质和精神都已硬化了的人民,对于极小的一点改革,也无不加以阻挠,表面上好像恐怕于自己不便,其实是恐怕于自己不利,但所设的口实,却往往见得极其公正而且堂皇。

——《习惯与改革》,《鲁迅全集》第4卷

社会上多数古人模模糊糊传下来的道理,实在无理可讲;能用历史和数目的力量,挤死不合意的人。这一类无主名无意识的杀人团里,古来不晓得死了多少人物。

——《我之节烈观》,《鲁迅全集》第1卷

死于敌手的锋刃,不足悲苦,死于不知何来的暗器,却是悲苦。但最悲苦的是死于慈母或爱人误进的毒药,战友乱发的流弹,病菌的并无恶意的侵入,不是我自己制定的死刑。

——《杂感》,《鲁迅全集》第3卷

10. 中国是个大染缸

每一新制度,新学术,新名词,传入中国,便如落在黑色染缸,立刻乌黑一团,化为济私助焰之具,科学,亦不过其一而已。

此弊不去,中国是无药可救的。

——《偶感》,《鲁迅全集》第5卷

中国大约太老了,社会上事无大小,都恶劣不堪,像一只黑色的染缸,无论加进什么新东西去都变成漆黑。可是除了再想法子来改革之外,也再没有别的路。

——《两地书·第一集 北京》,《鲁迅全集》第11卷

中国人总只喜欢一个"名",只要有新鲜的名目,便取来玩一通,不久连这名目也糟蹋了,便放开,另外又取一个。真如黑色的染缸一样,放下去,没有不乌黑的。

——《致姚克(1934年4月22日)》,《鲁迅全集》第12卷

新潮之进中国,往往只有几个名词,主张者以为可以咒死敌人,敌对者也以为将被咒死,喧嚷一年半

载,终于火灭烟消。如什么罗曼主义,自然主义,表现主义,未来主义……仿佛都已过去了,其实又何尝出现。现在借这一篇,看看理论和事实,知道势所必至,平平常常,空嚷力禁,两皆无用,必先使外国的新兴文学在中国脱离"符咒"气味,而跟着的中国文学才有新兴的希望——如此而已。

——《〈现代新兴文学的诸问题〉小引》,《鲁迅全集》第10卷

11. 反复和羼杂:中国改革的曲折性

许多历史家说,人类的历史是进化的,那么,中国当然不会在例外。但看中国进化的情形,却有两种很特别的现象:一种是新的来了好久之后而旧的又回复过来,即是反复;一种是新的来了好久之后而旧的并不废去,即是羼杂。然而就并不进化么?那也不然,只是比较的慢,使我们性急的人,有一日三秋之感罢了。

——《中国小说史略·附录》,《鲁迅全集》第9卷

12. 什么都阻止他不得

生命的路是进步的,总是沿着无限的精神三角形的斜面向上走,什么都阻止他不得。

自然赋与人们的不调和还很多,人们自己萎缩堕落退步的也还很多,然而生命决不因此回头。无论什么黑暗来防范思潮,什么悲惨来袭击社会,什么罪恶来亵渎人道,人类的渴仰完全的潜力,总是踏了这些铁蒺藜向前进。

什么是路?就是从没路的地方践踏出来的,从只有荆棘的地方开辟出来的。

以前早有路了,以后也该永远有路。

——《随感录·六十六 生命的路》,《鲁迅全集》第1卷

地上本没有路,走的人多了,也便成了路。

——《故乡》,《鲁迅全集》第1卷

走"人生"的长途,最易遇到的有两大难关。其一是"歧路",倘是墨翟先生,相传是恸哭而返的。但我不哭也不返,先在歧路头坐下,歇一会,或者睡一觉,于是选一条似乎可走的路再走。倘遇见老实人,也许夺他的食物来充饥,但是不问路,因为我料定他并不知道的。如果遇见老虎,我就爬上树去,等它饿得走去了再下来,倘它竟不走,我就自己饿死在树上,

而且先用带子缚住,连死尸也决不给它吃。但倘若没有树呢?那么,没有法子,只好请它吃了,但也无妨咬它一口。其二便是"穷途"了,听说阮籍先生也大哭而回,我却也像在歧路上的办法一样,还是跨进去,在棘丛里姑且走走。但我也并未遇到全是荆棘毫无可走的地方过,不知道是否世上本无所谓穷途,还是我幸而没有遇着。

——《两地书·第一集 二》,《鲁迅全集》第11卷

开放之道

1. 比较既周,爱生自觉

欲扬宗邦之真大,首在审己,亦必知人,比较既周,爱生自觉。……盖魂意方梦,何能有言?即震于外缘,强自扬厉,不惟不大,徒增欷耳。故曰国民精神之发扬,与世界识见之广博有所属。

(今译)

要发扬民族的伟大精神,首先当然在于认识

自己，同时也必须认识别人。只有周密的比较，才能产生自觉。……正在做梦的民族，怎能发出新声？即使因受外来的刺激，勉强振作一番，那不仅不能发出使本民族真正觉醒的大声，反而只会增添几声哀叹罢了。所以说，发扬民族精神和扩大国民的世界见识是有联系的。

——《摩罗诗力说》，《鲁迅全集》第1卷。
译文选自赵瑞蕻《鲁迅文言论文试译》

中国既以自尊大昭闻天下，……屹然出于中央而无校雠，……宝自有而傲睨万物，……则宴安日久，苓落（困顿）以胎，迫拶（zā，威胁，压力）不来，上征（前进）亦辍，使人荼，使人屯，其极为见善而不思式。有新国林起于西，以其殊异之方术来向，一施吹拂，块然踣傹，人心始自危。

（今译）

中国既然以妄自尊大闻名天下，屹立在世界中心，没有可以较量的对手，把自己的文化看得很宝贵，傲视一切。正因为没有比较，安逸的日子过得太长久了，也就种下了走向没落的祸胎；没有受到威胁压力，也就停止前进，使人们感到疲乏、困顿，进而连看到别人的优点长处也不想去学习了。这样，等到西方许多新兴国家兴起之后，他们带着和我国不同的文化思想来到东方，稍加触及，就使中国像土块一样僵仆在地上了。人心这才开始产生危机感。

——《文化偏至论》，《鲁迅全集》第1卷。
译文选自赵瑞蕻《鲁迅文言论文试译》

2. 放开度量，大胆地尽量吸取新文明

要进步或不退步，总须时时自出新裁，至少也必取材异域，倘若各种顾忌，各种小心，各种唠叨，这么做即违了祖宗，那么做又像了夷狄，终生惴惴如在薄冰上，发抖尚且来不及，怎么会做出好东西来。……（必须）放开度量，大胆地，无畏地，将新文化尽量地吸取。

——《看镜有感》，《鲁迅全集》第1卷

3. 遥想汉人多少闳放

遥想汉人多少闳放,新来的动植物,即毫不拘忌,来充装饰的花纹。……汉唐虽然也有边患,但魄力究竟雄大,人民具有不至于为异族奴隶的自信心,或者竟毫未想到,凡取用外来事物的时候,就如将彼俘来一样,自由驱使,绝不介怀。一到衰弊陵夷之际,神经可就衰弱过敏了,每遇到外国东西,便觉得仿佛彼来俘我一样,推拒,惶恐,退缩,逃避,抖成一团,又必想一篇道理来掩饰,而国粹遂成为孱王和孱奴的宝贝。

——《看镜有感》,《鲁迅全集》第 1 卷

4. 放出眼光,自己来拿

但我们被"送来"的东西吓怕了。……其实,这正是因为那是"送来"的,而不是"拿来"的缘故。

所以我们要运用脑髓,放出眼光,自己来拿!

总之,我们要拿来。我们要或使用,或存放,或毁灭。那么,主人是新主人,宅子也就会成为新宅子。然而首先要这人沉着,勇猛,有辨别,不自私。没有

拿来的,人不能自成为新人,没有拿来的,文艺不能自成为新文艺。

——《拿来主义》,《鲁迅全集》第6卷

5. 向仇敌学习

其实,由我看来,所谓"洋气"之中,有不少是优点,也是中国人性质中所本有的,但因了历朝的压抑,已经萎缩了下去,现在就连自己也莫名其妙,统统送给洋人了。这是必须拿它回来——恢复过来的——自然还得加一番慎重的选择。

即使并非中国所固有的罢,只要是优点,我们也应该学习。即使那老师是我们的仇敌罢,我们也应该向他学习。我在这里要提出现在大家所不高兴的日本来,他的会摹仿,少创造,是为中国的许多论者所鄙薄的,但是,只要看看他们的出版物和工业品,早非中国所及,就知道"会摹仿"决不是劣点。我们正应该学习这"会摹仿"的。"会摹仿"又加以有创造,不是更好么?否则,只不过一个"恨恨而死"而已。

——《从孩子的照相说起》,《鲁迅全集》第6卷在这排日声中，我敢坚决的向中国的青年进一个忠告，就是：日本人是很有值得我们效法之处的。

——《"日本研究"之外》，《鲁迅全集》第8卷

6. 质疑"言非西方之理弗道"

近世之士，稍稍耳新学之语，……翻然思变，言非同西方之理弗道，事非合西方之术弗行，掊击旧物，惟恐不力。……后有学于殊域者，近不知中国之情，远复不察欧美之实，以所拾尘芥，罗列人前，……不根本之图，而仅提所学以干天下；虽兜牟深隐其面，威武若不可陵，而干禄之色，固灼然于外矣。

（今译）

近代中国人士，稍稍听过一些新学言论，就积极要求变革，言论不同于西方的就不讲，事情不合乎西方办法的就不做。……后来那些跑到外国去留学的人，也是近不知中国国情，远不去认真考察欧美实情，他们把一些捡来的表皮琐屑的东西拿来向大家炫耀，不从根本上着想，而仅仅用

自己所学的那一点肤浅的东西来影响中国,虽然头戴军盔遮住了脸,仿佛威武得不可侵犯,但是他们一心想升官发财的丑态,在人们面前,早就暴露无遗。

——《文化偏至论》,《鲁迅全集》第1卷。
译文选自赵瑞蕻《鲁迅文言论文试译》

7. 警惕"爱国的自大""爱亡国者"和"兽性爱国主义"

中国人向来有点自大。——只可惜没有"个人的自大",都是"合群的爱国的自大"。……他们自己毫无特别才能,可以夸示于人,所以把这国拿来做个影子;他们把国内的习惯制度抬得很高,赞美的了不得;他们的国粹,既然这样有荣光,他们自然也有荣光了!……

不幸中国偏只多这一种自大:古人所作所说的事,没一件不好,遵行还怕不及,怎敢说到改革?这种爱国的自大家的意见,虽各派略有不同,根柢总是一致,计算起来,可分作下列五种:

甲云:"中国地大物博,开化最早;道德天下第一。"这是完全自负。

乙云:"外国物质文明虽高,中国精神文明更好。"

丙云:"外国的东西,中国都已有过;某种科学,即某子所说的云云。"这两种都是"古今中外派"的支流;依据张之洞的格言,以"中学为体西学为用"的人物。

丁云:"外国也有叫花子,——(或云)也有草舍,——娼妓,——臭虫。"这是消极的反抗。

戊云:"中国便是野蛮的好。"又云:"你说中国思想昏乱,那正是我民族所造成的事业的结晶。从祖先昏乱起,直要昏乱到子孙;从过去昏乱起,直到昏乱到未来。……(我们是四万万人,)你能把我们灭绝么?"这比"丁"更进一层,不去拖人下水,反以自己的丑恶骄人;至于口气的强硬,却很有《水浒传》中牛二的态度。

——《随感录·三十八》,《鲁迅全集》第1卷

有些外人,很希望中国永是一个大古董以供他们的赏鉴,这虽然可恶,却还不奇,因为他们究竟是外人。而中国竟也有自己还不够,并且要率领了少年,

赤子,共成一个大古董以供他们的赏鉴者,则真不知是生着怎样的心肝。

——《忽然想到·六》,《鲁迅全集》第3卷

满口爱国,满身国粹,也于实际上的做奴才并无妨碍。

——《从孩子的照相说起》,《鲁迅全集》第6卷

世上固多爱国者,但也羼着些爱亡国者。爱国者虽偶然怀旧,却专重在现世以及将来。爱亡国者便只是悲叹那过去,而且称赞着所以亡的病根。

——《随感录》,《鲁迅全集》第7卷

惟武力之恃而狼藉人之自由,虽云爱国,顾为兽爱。即今之君子,日日言爱国者,于国有诚为人爱而不坠于兽爱者,亦仅见也。

——《摩罗诗力说》,《鲁迅全集》第1卷

中国人对于异族,历来只有两样称呼:一样是禽兽,一样是圣上。从没有称他朋友,说他也同我们一样的。

——《随感录·四十八》,《鲁迅全集》第1卷

8. 警惕"一致对外"口号下的勾当

甲:"喂,乙先生!你怎么趁我忙乱的时候,又将我的东西拿走了?现在拿出来,还我罢!"

乙:"我们要一致对外!这样危急的时候,你还只记得自己的东西么?亡国奴!"

——《忽然想到·十一》,《鲁迅全集》第3卷

用笔和舌,将沦为异族的奴隶之苦告诉大家,自然是不错的,但要十分小心,不可使大家得着这样的结论:"那么,到底还不如我们似的做自己的奴隶好。"

——《半夏小集》,《鲁迅全集》第6卷

（四）精神篇

硬骨头精神

1. 没有丝毫奴颜和媚骨

鲁迅的骨头是最硬的，他没有丝毫的奴颜和媚骨，这是殖民地半殖民地的人民最可宝贵的性格。

——毛泽东：《新民主主义论》

横眉冷对千夫指，俯首甘为孺子牛。

——《自嘲》，《鲁迅全集》第7卷

2. 中国的脊梁

我们从古以来，就有埋头苦干的人，有拼命硬干的人，有为民请命的人，有舍身求法的人，……虽是等于为帝王将相作家谱的所谓"正史",也往往掩不住他们的光耀,这就是中国的脊梁。

这一类的人们,就是现在也何尝少呢?他们有确信,不自欺;他们在前仆后继的战斗,不过一面总在被摧残,被抹杀,消灭于黑暗中,不能为大家所知道罢了。说中国人失掉了自信力,用以指一部分人则可,倘若加于全体,那简直是诬蔑。

要论中国人,必须不被搽在表面的自欺欺人的脂粉所诓骗,却看看他的筋骨和脊梁。自信力的有无,状元宰相的文章是不足为据的,要自己去看地底下。

——《中国人丢掉自信力了吗》,《鲁迅全集》第6卷

3. 摩罗诗人

摩罗之言,假自天竺,此云天魔,欧人谓之撒但。……今则举一切诗人中,凡立意在反抗,指归在动作,而为世所不甚愉悦者悉入之……大都不为顺世和乐之音,动吭一呼,闻者兴起,争天抗俗,而精神复深感后世人心,绵延至于无已。

(今译)

"摩罗"一词,由印度文翻译而来,本意是指天上的魔鬼,欧洲人把它叫作"撒旦"。现在我们就从一切诗人中,把那些立意在反抗,目的在行动,而为世人所不大喜欢的诗人,统统归于这一诗派。他们大都不愿去唱那种粉饰太平的和乐之音。他们引吭高歌,闻者四起,反对天命,反抗世俗,那精神深深打动了后世人心,直到无限遥远的将来。

——《摩罗诗力说》,《鲁迅全集》第1卷。
译文选自赵瑞蕻《鲁迅文言论文试译》

4. 精神界战士

今索诸中国,为精神界之战士安在?有作至诚之声,致吾人于善美刚健者乎?有作温煦之声,援吾人出于荒寒者乎?

(今译)

现在,让我们在中国寻找一下吧,试问我们的精神界战士在哪里?谁曾发出至诚之声,把我们引向善美、刚健的境界？谁曾喊出使人心温暖之声，把我们救出荒凉、寒冷的山谷？

——《摩罗诗力说》，《鲁迅全集》第1卷。
译文选自赵瑞蕻《鲁迅文言论文试译》

今之所贵所望，在有不和众嚣，独具我见之士，洞瞩幽隐，评骘文明，弗与妄惑者同其是非，惟向所信是诣，举世誉之而不加劝，举世毁之而不加沮，有从者则任其来，假其投以笑骂，使之孤立于世，亦无慑也。

（今译）

今天我们最珍视和盼望的，在于要有一些对那些喧嚷不随声附和而具有自己独特见解的人士，他们能洞察隐微，评判人类的文明，不与那些妄诞迷惑的人一般见识，而只是坚持自己的信仰；就是整个社会都称赞他，他也不格外鼓舞，就是整个社会都诋毁他，他也毫不丧气；有人愿意跟随他的就任凭他们来，假如有人对他笑骂，使他在社会上孤立，他也毫无畏惧。

——《破恶声论》，《鲁迅全集》第8卷。
译文选自赵瑞蕻《鲁迅文言论文试译》

5. 敢说，敢笑，敢哭，敢怒，敢骂，敢打

世上如果还有真要活下去的人们，就先该敢说，敢笑，敢哭，敢怒，敢骂，敢打，在这可诅咒的地方击退了可诅咒的时代！

——《忽然想到·五》，《鲁迅全集》第3卷

韧性精神

1. 非韧不可

要在文化上有成绩，则非韧不可。

——《对于左翼作家联盟的意见》，《鲁迅全集》第4卷

无论爱什么，——饭，异性，国，民族，人类等，——只有纠缠如毒蛇，执着如怨鬼，二六时中（按：即十二个时辰，整天整夜），没有已时者有望。但太觉疲劳时，也无妨休息一会罢；但休息之后，就再来一回罢，而且两回，三回……

——《杂感》，《鲁迅全集》第3卷

世间有一种无赖精神，那要义就是韧性。听说拳

匪乱后，天津的青皮，就是所谓无赖者很跋扈，譬如给人搬一件行李，他就要两元，对他说行李小，他说要两元，对他说道路近，他说要两元，对他说不要搬了，他说也仍然要两元。青皮固然是不足为法的，而那韧性却大可以佩服。

——《娜拉走后怎样》，《鲁迅全集》第1卷

2. 一代、二代……奋斗下去

因此，中国青年负担的烦重，就数倍于别国的青年了。因为我们的古人将心力大抵用到玄虚缥缈平稳圆滑上去了，便将艰难切实的事情留下，都待后人来补做，要一人兼做两三人，四五人，十百人的工作，现在可正到了试练的时候了。对手又是坚强的英人，正是他山的好石，大可借此来磨练。假定现今觉悟的青年的平均年龄为二十，又假定照中国人易于衰老的计算，至少也还可以共同抗拒，改革，奋斗三十年。不够，就再一代，二代……这样的数目，从个体看来，仿佛是可怕的，但倘若这一点就怕，便无药可救，只好甘心灭亡。因为在民族的历史上，这不过是一个极

短时期,此外,实没有更快的捷径。我们更无须迟疑,只是试练自己,自求生存,对谁也不怀恶意的干下去。

——《忽然想到·十》,《鲁迅全集》第 3 卷

3. 慢而不息,锲而不舍

真诚的学生们,我以为自身却有一个颇大的错误,就是正如旁观者所希望或冷笑的一样,开首太自以为有非常的神力,有如意的成功。幻想飞得太高,堕在现实上的时候,伤就格外重了;力气用得太骤,歇下来的时候,身体就难于动弹了。……

……譬如自己要择定一种口号……来履行,与其不饮不食的履行七日或痛哭流涕的履行一月,倒不如也看书也履行至五年,或者也看戏也履行至十年,或者也寻异性朋友也履行至五十年,或者也讲情话也履行至一百年。记得韩非子曾经教人以竞马的要妙,其一是"不耻最后"。即使慢,驰而不息,纵令落后,纵令失败,但一定可以达到他所向的目标。

——《补白·三》,《鲁迅全集》第 3 卷

我以为哭是无益的,只好仍是有一分力,尽一分力,不必一时特别愤激,事后却又悠悠然。我看中国青年,大都有愤激一时的缺点,其实现在秉政的,就都是昔日所谓革命的青年也。

——《致曹靖华(1935年6月24日)》,《鲁迅全集》第13卷

中国人不但"不为戎首","不为祸始",甚至于"不为福先"。所以凡事都不容易有改革;前驱和闯将,大抵是谁也怕得做。然而人性岂真能如道家所说的那样恬淡;欲得的却多。既然不敢径取,就只好用阴谋和手段。以此,人们也就日见其卑怯了,既是"不为最先",自然也不敢"不耻最后",所以虽是一大堆群众,略见危机,便"纷纷作鸟兽散"了。如果偶有几个不肯退转,因而受害的,公论家便异口同声,称之曰傻子。对于"锲而不舍"的人们也一样。

——《这个与那个·三》,《鲁迅全集》第3卷

4. 壕堑战

对于社会的战斗,我是并不挺身而出的,我不劝别人牺牲什么之类者就为此。欧战的时候,最重"壕

堑战"，战士伏在壕中，有时吸烟，也唱歌，打纸牌，喝酒，也在壕中开美术展览会，但有时忽向敌人开它几枪。中国多暗箭，挺身而出的勇士容易丧命，这种战法是必要的罢，但恐怕也有时会逼到非短兵相接不可的，这时候，没有法子，就短兵相接。

总结起来，我自己对于苦闷的办法，是专与袭来的苦痛捣乱，将无赖手段当作胜利，硬唱凯歌，算是乐趣，这或者就是糖罢。但临末还是归结到"没有法子"，这真是没有法子！

——《两地书·第一集 北京》，《鲁迅全集》第11卷

所以，我想，在青年，须是有不平而不悲观，常抗战而亦自卫，倘荆棘非践不可，固然不得不践，但若无需必践，即不必随便去践，这就是我之所以主张"壕堑战"的原因，其实也无非想多留下几个战士，以得更多的战绩。

——《两地书·第一集 北京》，《鲁迅全集》第11卷

根据上述的理由，更进一步而希望于点火的青年的，是对于群众，在引起他们的公愤之余，还须设法注

入深沉的勇气。当鼓舞他们的感情的时候，还须竭力启发明白的理性；而且还得偏重于勇气和理性，从此继续地训练许多年。这声音，自然断乎不及大叫宣战杀贼的大而闳，但我以为却是更紧要而更艰难伟大的工作。

总之，我以为国民倘没有智，没有勇，而单靠一种所谓"气"，实在是非常危险的。现在，应该更进而着手于较为坚实的工作了。

——《坟·杂忆》，《鲁迅全集》第1卷

5. 反对"赤膊上阵"

装假固然不好，处处坦白，也不成，这要看是什么时候。和朋友谈心，不必留心，但和敌人对面，却必须刻刻防备。我们和朋友一起，可以脱掉衣服，但上阵要穿甲。您记得《三国志演义》上的许褚赤膊上阵么？中了好几箭。金圣叹批道：谁叫你赤膊？

——《致萧军、萧红（1935年3月13日）》，《鲁迅全集》第13卷

这并非吝惜生命，乃是不肯虚掷生命，因为战士的生命是宝贵的，在战士不多的地方，这生命就愈宝贵。

——《空谈》，《鲁迅全集》第3卷

新文艺之在太原,还在开垦时代,作品似以浅显为宜,也不要激烈,这是必须察看环境和时候的。别处不明情形,或者要评为灰色也难说,但可以置之不理,万勿贪一虚名,而反致不能出版。战斗当先守住营垒,若专一冲锋,而反遭覆灭,乃无谋之勇,非真勇也。

——《致榴花社(1933年6月20日)》,《鲁迅全集》第12卷

泥土精神

1. 泥土比天才更切近

就是在座的诸君,料来也十之八九愿有天才的产生罢,然而情形是这样,不但产生天才难,单是有培养天才的泥土也难。我想,天才大半是天赋的;独有这培养天才的泥土,似乎大家都可以做。做土的功效,比要求天才还贴近;否则,纵有成千成百的天才,也因为没有泥土,不能发达,要像一碟子绿豆芽。

——《未有天才之前》,《鲁迅全集》第1卷

泥土和天才比,当然是不足齿数的,然而不是坚

苦卓绝者，也怕不容易做；不过事在人为，比空等天赋的天才有把握。这一点，是泥土的伟大的地方，也是反有大希望的地方。

——《未有天才之前》，《鲁迅全集》第1卷

素园却并非天才，也非豪杰，当然更不是高楼的尖顶，或名园的美花，然而他是楼下的一块石材，园中的一撮泥土，在中国第一要他多。他不入观赏者的眼中，只有建筑者和栽植者，决不会将他置之度外。

——《忆韦素园君》，《鲁迅全集》第6卷

2. 要不怕做小事情

做土要扩大了精神，就是收纳新潮，脱离旧套，能够容纳，了解那将来产生的天才；又要不怕做小事业。

——《未有天才之前》，《鲁迅全集》第1卷

未名社的同人，实在并没有什么雄心和大志，但是，愿意切切实实的，点点滴滴的做下去的意志，却是大家一致的。

——《忆韦素园君》，《鲁迅全集》第6卷

3. 中国需要做苦工的人

其实我的生活,也不算辛苦。数十年来,不肯给手和眼闲空,是真的,但早已成了习惯,不觉得什么了。

中国要做的事很多,而我做得有限,真是不值得说的。不过中国正需要肯做苦工的人,而这种工人很少,我又年纪渐老,体力不济起来,却是一件憾事。

——《书信·致欧阳山、草明》,《鲁迅全集》第13卷

我觉得实做的少,监督的太多,个个想做"工头",所以苦工就更加吃苦。

——《书信·致王冶秋》,《鲁迅全集》第13卷

中国是古国,历史长了,花样也多,情形复杂,做人也特别难,我觉得别的国度里,处世法总还要简单,所以每个人可以有工夫做些事,在中国,则单是为生活,就要花去生命的几乎全部。

——《书信·致萧军、萧红》,《鲁迅全集》第12卷

直隶山东的侠客们,勇士们呵!诸公有这许多筋力,大可以做一点神圣的劳作;江苏浙江湖南的才子

们,名士们呵!诸公有这许多文才,大可以译几叶有用的新书。我们改良点自己,保全些别人;想些互助的方法,收了互害的局面罢!

——《随感录·六十四 互通有无》,《鲁迅全集》第1卷

据我所见,北人的优点是厚重,南人的优点是机灵。但厚重之弊也愚,机灵之弊也狡,所以某先生曾经指出缺点道:北方人是"饱食终日,无所用心";南方人是"群居终日,言不及义"。就有闲阶级而言,我以为大体是的确的。

缺点可以改正,优点可以相师。相书上有一条说,北人南相,南人北相者贵。我看这并不是妄语。北人南相者,是厚重而又机灵,南人北相者,不消说是机灵而又能厚重。昔人之所谓"贵",不过是当时的成功,在现在,那就是做成有益的事业了。这是中国人的一种小小的自新之路。

——《北人与南人》,《鲁迅全集》第5卷

4. 认真做事

日人太认真,而中国人却太不认真。中国的事情

往往是招牌一挂就算成功了。日本则不然。他们不像中国这样只是做戏似的。日本人一看见有徽章,有操衣的,便以为他们一定是真在抗日的人,当然要认为是劲敌。这样不认真的同认真的碰在一起,倒霉是必然的。

中国实在是太不认真,什么全是一样。

——《今春的两种感想》,《鲁迅全集》第7卷

我素来的做事,一件未毕,是总是时时刻刻放在心中的,因此也易于困惫,那一篇里面就指示着这样脾气的不行,人必须不凝滞于物。我以为这是无论做什么事,都可以效法的,但万不可和中国祖传的"将事情不当事"即"不认真"相牵混。

——《〈思想·山水·人物〉题记》,《鲁迅全集》第10卷

5. 要留有余地

翻开书来,满本是密密层层的黑字;加以油臭扑鼻,使人发生一种压迫和窘促之感,不特很少"读书之乐",且觉得仿佛人生已没有"余裕","不留地"了。

在这样的"不留余地"空气的围绕里,人们的精神大抵要被挤小的。

人们到了失去余裕心,或不自觉地满抱了不留余地心时,这民族的将来恐怕就可虑。

——《忽然想到·二》,《鲁迅全集》第3卷

6. 执着现在,执着地上

那切切实实,足踏在地上,为着现在中国人的生存而流血奋斗者,我得引为同志,是自以为光荣的。

——《答托洛斯基派的信》,《鲁迅全集》第6卷

一人说,将来胜过现在。

一人说,现在远不及从前。

一人说,什么?

时道,你们都侮辱我的现在。

从前好的,自己回去。

将来好的,跟我前去。

这说什么的,

我不和你说什么。

——《人与时》,《鲁迅全集》第7卷

仰慕往古的,回往古去罢!想出世的,快出世

罢!想上天的,快上天罢!灵魂要离开肉体的,赶快离开罢!现在的地上,应该是执着现在,执着地上的人们居住的。

——《杂感》,《鲁迅全集》第3卷

我看一切理想家,不是怀念"过去",就是希望"将来",而对于"现在"这一个题目,都缴了白卷,因为谁也开不出药方,所有最好的药方,即所谓"希望将来"的就是。

——《两地书·第一集 北京》,《鲁迅全集》第11卷

这都是"现在的屠杀者"。杀了"现在",也便杀了"将来"。

——《随感录·五十九 现在的屠杀者》,《鲁迅全集》第1卷

所谓"希望将来",不过是自慰——或者简直是自欺——之法,即所谓"随顺现在"者也一样。

——《致许广平(1925年3月23日)》,《鲁迅全集》第11卷

我们常将眼光收得极近,只在自身,或者放得极远,到北极,或到天外,而这两者之间的一圈可是绝

不注意的。

在中国做人，真非这样不成，不然就活不下去。例如倘使你讲个人主义，或者远而至于宇宙哲学，灵魂灭否，那是不要紧的。但一讲社会问题，可就要出毛病了。北平或者还好，如在上海则一讲社会问题，那就非出毛病不可，这是有验的灵药，常常有无数的青年被捉去而无下落了。

不过也可以记一个总纲，如"认真点"，"眼光不可不放大但不可放的太大"，就是。这本是两句平常话，但我的确知道了这两句话，是在死了许多性命之后。许多历史的教训，都是用极大的牺牲换来的。

——《今春的两种感想》，《鲁迅全集》第7卷

7. 实地经验更确凿

听说英国的培那特萧（Bernard Shaw），有过这样意思的话：世间最不行的是读书者。因为他只能看别人的思想艺术，不用自己。这也就是勒本华尔之（Schopenhauer）所谓脑子里给别人跑马。较好的是思索者，因为能用自己的生活力了，但还不免是空想，所以

更好的是观察者,他用自己的眼睛去读世间这一部活书。

这是的确的,实地经验总比看,听,空想确凿。

——《读书杂谈》,《鲁迅全集》第3卷

总之,我的意思是很简单的:我们自动的读书,即嗜好的读书,请教别人是大抵无用,只好先行泛览,然后抉择而入于自己所爱的较专的一门或几门;但专读书也有弊病,所以必须和实社会接触,使所读的书活起来。

——《读书杂谈》,《鲁迅全集》第3卷

经验的所得的结果无论好坏,都要有很大的牺牲,虽是小事情,也免不掉要付惊人的代价。

古人所传授下来的经验,有些实在是极可宝贵的,因为它曾经费去许多牺牲,而留给后人很大的益处。

——《经验》,《鲁迅全集》第4卷

寄语青年

近来很通行说青年;开口青年,闭口也是青年。

但青年又何能一概而论？有醒着的，有睡着的，有昏着的，有躺着的，有玩着的，此外还多。但是，也自然也有要前进的。

要前进的青年们大抵想寻求一个导师。然而我敢说：他们将永远寻不到。寻不到倒是运气；自知的谢不敏，自许的果真识路么？凡自以为识路者，总过了"而立"之年，灰色可掬了，老态可掬了，圆稳而已，自己却误以为识路。假如真识路，自己就早进向他的目标，何至于还在做导师。……

但是我并非敢将这些人一切抹杀；和他们随便谈谈，是可以的。说话的也不过能说话，弄笔的也不过能弄笔；别人如果希望他打拳，则是自己错。……

青年又何须寻那挂着金字招牌的导师呢？不如寻朋友，联合起来，同向着似乎可以生存的方向走。你们所多的是生力，遇见深林，可以辟成平地的，遇见旷野，可以栽种树木的，遇见沙漠，可以开掘井泉的。问什么荆棘塞途的老路，寻什么乌烟瘴气的鸟导师！

——《导师》，《鲁迅全集》第3卷

凡中国人说一句话，做一件事，倘与传来的积习有若干抵触，须一个筋斗便告成功，才有立足的处所；而且被恭维得烙铁一般热。否则免不了标新立异的罪名，不许说话；或者竟成了大逆不道，为天地所不容。……

中国的人，大抵在如此空气里成功，在如此空气里萎缩腐败，以至老死。

所以我时常害怕，愿中国青年都摆脱冷气，只是向上走，不必听自暴自弃者流的话。能做事的做事，能发声的发声。有一分热，发一分光，就令萤火一般，也可以在黑暗里发一点光，不必等候炬火。

此后竟没有炬火：我便是唯一的光。倘若有了炬火，出了太阳，我们自然心悦诚服的消失，不但毫无不平，而且还要随喜赞美这炬火或太阳；因为他照亮了人类，连我都在内。

我又愿中国的青年都只是向上走，不必理会这冷笑和暗箭。……几粒石子，任他们暗地里掷来；几滴秽水，任他们从背后泼来就是了。

——《随感录·四十一》，《鲁迅全集》第1卷

文本选读

灯下漫笔

有一时，就是民国二三年时候，北京的几个国家银行的钞票，信用日见其好了，真所谓蒸蒸日上。听说连一向执迷于现银的乡下人，也知道这既便当，又可靠，很乐意收受，行使了。至于稍明事理的人，则不必是"特殊知识阶级"，也早不将沉重累坠的银元装在怀中，来自讨无谓的苦吃。想来，除了多少对于银子有特别嗜好和爱情的人物之外，所有的怕大都是钞票了罢，而且多是本国的。但可惜后来忽然受了一个不小的打击。

就是袁世凯想做皇帝的那一年，蔡松坡先生溜出北京，到云南去起义。这边所受的影响之一，是中国和交通银行的停止兑现。虽然停止兑现，政府勒令商民照旧行用的威力却还有的;商民也自有商民的老本领,不说不要,却道找不出零钱。假如拿几十几百的钞票去买东西,我不知道怎样,但倘使只要买一枝笔,一盒烟卷呢,难道就付给一元钞票么?不但不甘心,也没有这许多票。那么,换铜元,少换几个罢,又都说没有铜元。那么,到亲戚朋友那里借现钱去罢,怎么会有?于是降格以求,不讲爱国了,要外国银行的钞票。但外国银行的钞票这时就等于现银,他如果借给你这钞票,也就借给你真的银元了。

我还记得那时我怀中还有三四十元的中交票,可是忽而变了一个穷人,几乎要绝食,很有些恐慌。俄国革命以后的藏着纸卢布的富翁的心情,恐怕也就这样的罢;至多,不过更深更大罢了。我只得探听,钞票可能折价换到现银呢?说是没有行市。幸而终于,暗暗地有了行市了:六折几。我非常高兴,赶紧去卖了一半。后来又涨到七折了,我更非常高兴,全去换了现银,沉垫垫地坠在怀中,似乎这就是我的性命的斤两。倘在平时,钱铺子如果少给我一个铜元,我是决不答应的。

但我当一包现银塞在怀中,沉垫垫地觉得安心,喜欢的时候,却突然起了另一思想,就是:我们极容易变成奴隶,而且变了之后,还万分喜欢。

假如有一种暴力,"将人不当人",不但不当人,还不及牛马,不算什么东西;待到人们羡慕牛马,发生"乱离人,不及太平犬"的叹息的时候,然后给与他略等于牛马的价格,有如元朝定律,打死别人的奴隶,赔一头牛,则人们便要心悦诚服,恭颂太平的盛世。为什么呢?因为他虽不算人,究竟已等于牛马了。

我们不必恭读《钦定二十四史》,或者入研究室,审察精神文明的高超。只要一翻孩子所读的《鉴略》,——还嫌繁重,则看《历代纪元编》,就知道"三千余年古国古"的中华,历来所闹的就不过是这一个小玩艺。但在新近编纂的所谓"历史教科书"一流东西里,却不大看得明白了,只仿佛说:咱们向来就很好的。

但实际上,中国人向来就没有争到过"人"的价格,至多不过是奴隶,到现在还如此,然而下于奴隶的时候,却是数见不鲜的。中国的百姓是中立的,战时连自己也不知道属于哪一面,但又属于无论哪一面。强盗来了,就属于官,当然该被杀掠;官兵既到,该是自家人了罢,但仍然要被杀掠,仿佛又属于强盗似的。这时候,百姓就希望有一个一定的主子,拿他们去做百姓,——不敢,是拿他们去做牛马,情愿自己寻草吃,只求他决定他们怎样跑。

假使真有谁能够替他们决定,定下什么奴隶规则来,自然就"皇恩浩荡"了。可惜的是往往暂时没有谁能定。举其大者,则如五胡十六国的时候,黄巢的时候,五代时候,宋末元末时候,除了老例的服役纳粮以外,都还要受意外的灾殃。张献忠的脾气更古怪了,不服役纳粮的要杀,服役纳粮的也要杀,敌他的要杀,降他的也要杀:将奴隶规则毁得粉碎。这时候,百姓就希望来一个另外的主子,较为顾及他们的奴隶规则的,无论仍旧,或者新颁,总之是有一种规则,使他们可上奴隶的轨道。

"时日曷丧,予及汝偕亡!"愤言而已,决心实行的不多见。实际上大概是群盗如麻,纷乱至极之后,就有一个较强,或较聪明,或较狡滑,或是外族的人物出来，较有秩序地收拾了天下。厘定规则：怎样服役，怎样纳粮，怎样磕头，怎样颂圣。而且这规则是不像现在那样朝三暮四的。于是便"万姓胪欢"了；用成语来说，就叫作"天下太平"。

任凭你爱排场的学者们怎样铺张，修史时候设些什么"汉族发祥时代""汉族发达时代""汉族中兴时代"的好题目，好意诚然是可感的，但措辞太绕湾子了。有更其直捷了当的说法在这里——

一，想做奴隶而不得的时代；

二，暂时做稳了奴隶的时代。

这一种循环，也就是"先儒"之所谓"一治一乱"；那些作乱人物，从后日的"臣民"看来，是给"主子"清道辟路的，所以说："为圣天子驱除云尔。"

现在入了哪一时代，我也不了然。但看国学家的崇奉国粹，文学家的赞叹固有文明，道学家的热心复古，可见于现状都已不满了。然而我们究竟正向着哪一条路走呢？百姓是一遇到莫名其妙的战争，稍富的迁进租界，妇孺则避入教堂里去了，因为那些地方都比较的"稳"，暂不至于想做奴隶而不得。总而言之，复古的，避难的，无智愚贤不肖，似乎都已神往于三百年前的太平盛世，就是"暂时做稳了奴隶的时代"了。

但我们也就都像古人一样，永久满足于"古已有之"的时代么？都像复古家一样，不满于现在，就神往于三百年前的太平盛世么？

自然，也不满于现在的，但是，无须反顾，因为前面还有道路在。而创造这中国历史上未曾有过的第三样时代，则是现在的青年的使命！

(见《鲁迅全集》第1卷)

导师

近来很通行说青年；开口青年，闭口也是青年。但青年又何能一概而论？有醒着的，有睡着的，有昏着的，有躺着的，有玩着的，此外还多。但是，自然也有要前进的。

要前进的青年们大抵想寻求一个导师。然而我敢说：他们将永远寻不到。寻不到倒是运气；自知的谢不敏，自许的果真识路么？凡自以为识路者，总过了"而立"之年，灰色可掬了，老态可掬了，圆稳而已，自己却误以为识路。假如真识路，自己就早进向他的目标，何至于还在做导师。说佛法的和尚，卖仙药的道士，将来都与白骨是"一丘之貉"，人们现在却向他听生西的大法，求上升的真传，岂不可笑！

但是我并非敢将这些人一切抹杀;和他们随便谈谈,是可以的。说话的也不过能说话,弄笔的也不过能弄笔;别人如果希望他打拳,则是自己错。他如果能打拳,早已打拳了,但那时,别人大概又要希望他翻筋斗。

有些青年似乎也觉悟了,我记得《京报副刊》征求青年必读书时,曾有一位发过牢骚,终于说:只有自己可靠!我现在还想斗胆转一句,虽然有些杀风景,就是:自己也未必可靠的。

我们都不大有记性。这也无怪,人生苦痛的事太多了,尤其是在中国。记性好的,大概都被厚重的苦痛压死了;只有记性坏的,适者生存,还能欣然活着。但我们究竟还有一点记忆,回想起来,怎样的"今是昨非"呵,怎样的"口是心非"呵,怎样的"今日之我与昨日之我战"呵。我们还没有正在饿得要死时于无人处见别人的饭,正在穷得要死时于无人处见别人的钱,正在性欲旺盛时遇见异性,而且很美的。我想,大话不宜讲得太早,否则,倘有记性,将来想到时会脸红。

或者还是知道自己之不甚可靠者,倒较为可靠罢。

青年又何须寻那挂着金字招牌的导师呢?不如寻朋友,联合起来,同向着似乎可以生存的方向走。你们所多的是生力,遇见深林,可以辟成平地的,遇见旷野,可以栽种树木的,遇见沙漠,可以开掘井泉的。问什么荆棘塞途的老路,寻什么乌烟瘴气的鸟导师!

五月十一日

(见《鲁迅全集》第3卷)

这个和那个

最先与最后

《韩非子》说赛马的妙法,在于"不为最先,不耻最后"。这虽是从我们这样外行的人看起来,也觉得很有理。因为假若一开首便拼命奔驰,则马力易竭。但那第一句是只适用于赛马的,不幸中国人却奉为人的处世金箴了。

中国人不但"不为戎首","不为祸始",甚至于"不为福先"。所以凡事都不容易有改革;前驱和闯将,大抵是谁也怕得做。然而人性岂真能如道家所说的那样恬淡;欲得的却多。既然不敢径取,就只好用阴谋和手段。以此,人们也就日见其卑怯了,既是"不为最先",自然也不敢"不耻最后",所以虽是一大堆群众,略见危机,便"纷纷作鸟兽散"了。如果偶有几个不肯退转,因而受害的,公论家便异口同声,称之曰傻子。对于"锲而不舍"的人们也一样。

我有时也偶尔去看看学校的运动会。这种竞争,本来不像两敌国的开战,挟有仇隙的,然而也会因了竞争而骂,或者竟打起来。但这些事又作别论。竞走的时候,大抵是最快的三四个人一到决胜点,其余的便松懈了,有几个还至于失了跑完预定的圈数的勇气,中途挤入看客的群集中;或者佯为跌倒,使红十字队用担架将他抬走。假若偶有虽然落后,却尽跑,尽跑的人,大家就嗤笑他。大概是因为他太不聪明,"不耻最后"的缘故罢。

所以中国一向就少有失败的英雄,少有韧性的反抗,少有敢单身鏖战的武人,少有敢抚哭叛徒的吊客;见胜兆则纷纷聚集,见败兆则纷纷逃亡。战具比我们精利的欧美人,战具未必比我们精利的匈奴蒙古满洲人,都如入无人之境。"土崩瓦解"这四个字,真是形容得有自知之明。

多有"不耻最后"的人的民族，无论什么事，怕总不会一下子就"土崩瓦解"的，我每看运动会时，常常这样想：优胜者固然可敬，但那虽然落后而仍非跑至终点不止的竞技者，和见了这样竞技者而肃然不笑的看客，乃正是中国将来的脊梁。

流产与断种

近来对于青年的创作，忽然降下一个"流产"的恶谥，哄然应和的就有一大群。我现在相信，发明这话的是没有什么恶意的，不过偶尔说一说；应和的也是情有可原的，因为世事本来大概就这样。

我独不解中国人何以于旧状况那么心平气和，于较新的机运就这么疾首蹙额；于已成之局那么委曲求全，于初兴之事就这么求全责备？

智识高超而眼光远大的先生们开导我们：生下来的倘不是圣贤，豪杰，天才，就不要生；写出来的倘不是不朽之作，就不要写；改革的事倘不是一下子就变成极乐世界，或者，至少能给我（！）有更多的好处,就万万不要动!……

那么,他是保守派么?据说:并不然的。他正是革命家。惟独他有公平,正当,稳健,圆满,平和,毫无流弊的改革法;现下正在研究室里研究着哩,——只是还没有研究好。

什么时候研究好呢?答曰:没有准儿。

孩子初学步的第一步,在成人看来,的确是幼稚,危险,不成样子,或者简直是可笑的。但无论怎样的愚妇人,却总以恳切的希望的心,看他跨出这第一步去,决不会因为他的走法幼稚,怕要阻碍阔人的路线而"逼死"他;也决不至于将他禁在床上,使他躺着研究到能够飞跑时再下地。因为她知道:假如这么办,即使长到一百岁也还是不会走路的。

古来就这样,所谓读书人,对于后起者却反而专用彰明较著的或改头换面的禁锢。近来自然客气些,有谁出来,大抵会遇见学士文人们挡驾:且住,请坐。接着是谈道理了:调查,研究,推敲,修养,……结果是老死在原地方。否则,便得到"捣乱"的称号。我也曾有如现在的青年一样,向已死和未死的导师们问过应走的路。他们都说：不可向东，或西，或南，或北。但不说应该向东，或西，或南，或北。我终于发见他们心底里的蕴蓄了：不过是一个"不走"而已。

坐着而等待平安，等待前进，倘能，那自然是很好的，但可虑的是老死而所等待的却终于不至；不生育，不流产而等待一个英伟的宁馨儿，那自然也很可喜的，但可虑的是终于什么也没有。

倘以为与其所得的不是出类拔萃的婴儿，不如断种，那就无话可说。但如果我们永远要听见人类的足音，则我以为流产究竟比不生产还有望，因为这已经明明白白地证明着能够生产的了。

十二月二十日

（见《鲁迅全集》第3卷）